すぐ使える用語集付き！

イラストでわかる介護記録の書き方

第2版

成美堂出版

介護記録はケアプランの達成を確認するもの

介護に携わる者は、利用者一人ひとりが「生きていてよかった」と感じられる生活を送れるように日々支援しています。ケアマネジャーが作成したケアプランをもとに、各事業所で個別援助計画として介護過程を展開していきます。

介護の目的とケアプランの目標を再確認

利用者にとって、体力の衰えや病気、環境の変化などにより、今までできていたことができなくなってしまったことへの心の喪失感は大きなものがあります。介護の大きな目的は、こうした利用者が「**その人らしい生活をする**」、さらに一歩踏み込んで「**もう一度やってみたい**」「**これならできるかもしれない**」という目標に向かっての**生活を支援**することにあります。

ケアマネジャー（介護支援専門員）は、利用者の生活歴や生活状況、できること・できないことなどをアセスメント（課題分析）し、利用者や家族、事業者、医療関係者らと相談しながら長期・短期の介護目標を定め、個々のケアプラン（援助計画）を作成します。

たとえば在宅の利用者なら、施設でのデイサービスを週2回、ホームヘルプサービスを週3回1時間ずつといったサービス内容が決められます。施設では、食事・入浴・排泄・レクリエーションなど、生活の各項目のプランを組み立てます。

ケアプランに基づいた介護過程の展開と検討

組み立てたプランに従って一定期間

【介護記録とは?】

サービスを提供し、**目標を達成できたかどうかをモニタリング（実施状況把握）**します。ケアプランの目標を達成して次の目標に向かう利用者もいれば、途中で目標が合わなくなった利用者、状態がそれほど変わらない利用者もいます。たとえば、ヘルパーの支援できちんと薬を飲んで体調が回復したり、リハビリを重ねてトイレに一人で行けるようになった利用者がいる一方、認知症の進行でちぐはぐな行動が増した利用者などもいます。

このように新たなニーズが出てくれば再度アセスメントをして、新しい目標に基づくケアプランを作成・実施していきます。

たとえば、「ゆっくりと自宅のお風呂に入りたい」という利用者の希望があった場合、利用者のニーズをかなえるために、週2日夕方に訪問介護が入るようプランを調整します。また入浴後、疲労感を訴えることが介護記録に多く残されていれば、ケースカンファレンス（ケース会議）で時間の変更や、1回はシャワー浴にするなど、プランを変更していくことになります。

こうした一連の介護過程を通して、**プランの達成度や新たなニーズを把握するために大切なのが介護記録です**。ケアプランの目標を念頭に置いた支援を提供できていたかどうかを、介護記録から読み取ります。

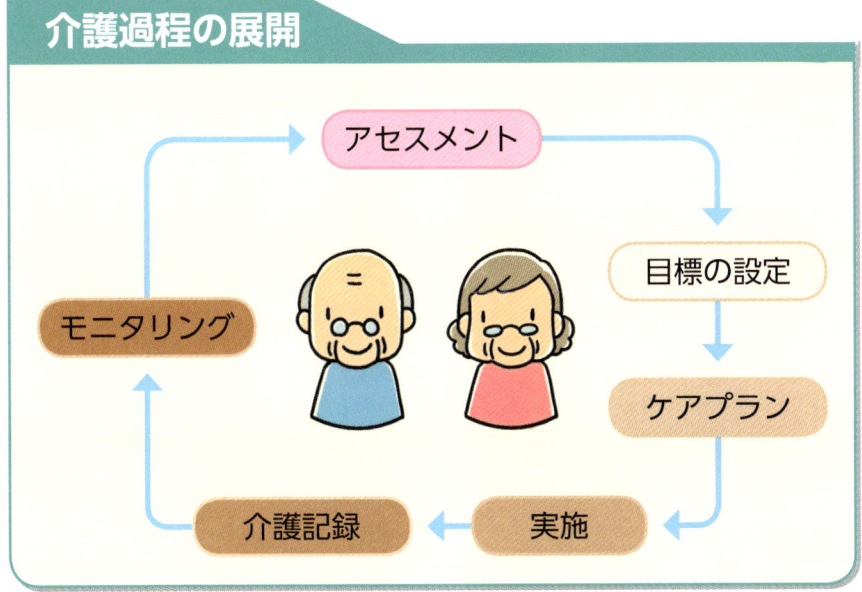

介護過程の展開

介護記録を書く3つの目的を理解する

介護記録を書く目的を理解しないまま、業務の一環として仕方なく書いていることはないでしょうか？　介護記録は、介護の質を高めることはもちろんですが、介護保険制度を守るため、そして介護職自身を守るためにも存在します。

介護の質や技術の向上を支える

　介護記録には、利用者の日々の生活を記録する「介護記録（ケース記録）」、事業所や施設全体の様子を記載する「業務日誌」以外にも、「チェックシート」「連絡ノート」「フェイスシート」など、さまざまな種類があります。
　事業所や施設ごとに書き方は異なりますが、それらの記録から**利用者の様子を、記録者以外の関係者が具体的に思い浮かべられることが重要です。**共有した情報をもとに利用者の状態や精神面の変化を介護職の間で話し合って不安材料を取り除くなど、**介護の質を高める**ことができます。
　また、「ヒヤリ・ハット報告書」を読むことにより、事故を未然に防ぐ方法を意識しながら仕事をこなすことができます。

法を守り、介護報酬を得る根拠となる

　介護保険制度のもと、指定を受けた事業所や施設は、利用者と契約を結び、サービスを実施した後に介護報酬を得ています。利用料の1割または2割が利用者負担で、残りが国民の税金と介護保険料でまかなわれます。
　そのため所轄の自治体や利用者から

記録の開示を求められれば、速やかに提出しなければなりません。**もし活動記録に一日の様子が1行も記録されていなければ、利用者が施設にいたことを証明できません**。また利用者の様子や体調などに、ふだんと特に変わったことがない場合、「特変なし」という記述が多く用いられますが、ケアプランに基づいた支援を何もしていないと受け取られ、**介護報酬の請求が却下**されることもあります。

万が一の際に介護者自身を守る

利用者に事故があった場合や夜間の急変時にも、**介護職の対応内容をきち**んと記した事故報告書や夜勤の記録などがあれば、介護職や事業所・施設をトラブルなどから守ることができます。在宅での介護の場合でも、連絡ノートに利用者の様子やちょっとした変化を記録し、家族からの要望に返事を書くなど、ふだんから家族とのコミュニケーションが図られていれば、万が一の事故の際にも、訴訟といった最悪の事態を防げるかもしれません。

また、インフルエンザなどの感染症についても、利用者が予防接種を受けた記録があれば、発熱した場合も他の病気を疑い、医療関係者に的確に連絡できます。フェイスシートの病歴に肝炎などの記載があれば、介護職自身も身を守る対策を講じることができます。

介護過程の種類

介護記録
利用者の日々の生活の記録

チェックシート
食事・水分補給・排泄などの記録

業務日誌
事業所や施設全体の記録

連絡ノート
家族と介護職との情報共有

ヒヤリ・ハット報告書
寸前で事故を回避した記録

フェイスシート
生活歴・病歴・家族などの基本台帳

日々の介護に活かす観察と記録のポイント

介護記録は、利用者に対する介護の質の向上やスタッフ間の情報共有、事業者や医療関係者との協議などに欠かせません。利用者一人ひとりの記録が介護過程の一部となり、次の支援内容を決めるカンファレンスに活かされます。

介護記録の役割と重要性

介護記録は利用者への新たな気づきをもたらす役割をもち、記録を読み返すことで、介護職の行った介護の内容を理解することができます。また、介護職同士や利用者の家族、他の事業者、看護やリハビリなど**他職種との情報共有でも、重要な役割を果たします**。

今日一日、利用者の目標に向かって介護ができたか、目標に一歩でも近づけたか、プランは適切であるか、新たなニーズは出てきていないかなど、評価の根拠となる視点をもって記録が書かれることが重要です。介護記録は、観察された情報とともにモニタリングされ、ケースカンファレンスの課題となり、新たなる目標が設定され、介護過程の展開が続きます。こうして課題を明らかにすることで**ケアプランが見直され、介護の質が高められます**。

介護過程の展開に活かす記録を書くには

利用者の生活ぶりが文面から読み取れ、**介護過程の展開に活かされる介護記録を書くためには、利用者を多方面から観察する視点が大切**です。

たとえば、「テレビを見て笑っていた」だけでは利用者の一面しか浮かんできません。バラエティー番組なのか、

他の入居者と一緒に見ていたのか、会話をしていたのかなど、具体的な状況や様子を付け加えることにより、その場の雰囲気とともに、利用者のそれまでの生活が浮かび上がってきます。

また、「入浴すると気分が良さそうだった」といった介護者の主観ではなく、「家の風呂は本当にいいな、と利用者が鼻歌を歌っていた」のように**事実を書きます**。会話や非言語コミュニケーション、いつもと違う様子なども時間とともにメモしておき、後で頭の中で整理しながら記録していきます。施設によっては、そのつどすぐに記録用紙に書き込みます。**記録する際には５Ｗ１Ｈ（誰が・いつ・どこで・何を・どうして・どのようにした）を念頭に置いて書く**と、誰が読んでもわかりやすい内容になるでしょう。

日々の介護の中で、ちょっとした出来事や気づきを記録することによって、利用者の体調や動作の変化を的確に読み取ることができます。

中長期的な振り返りや見通しのために

バイタル（血圧、脈拍、体温）の数値などの記録による身体状況の把握や、ケアプランに応じて行うモニタリングは、日々の記録を参考にして行います。介護保険では記録を２年間保存することが決められていますが、記録そのものが、その後のケアや新人職員研修などに応用できます。

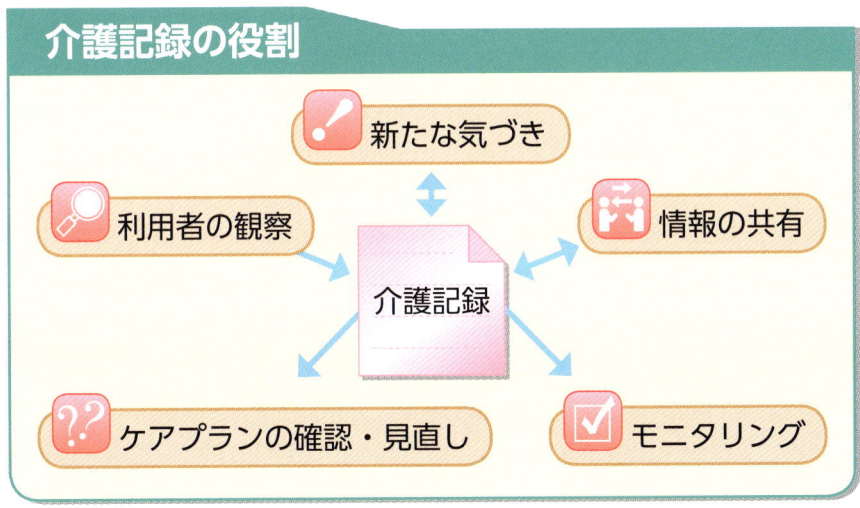

介護記録の役割
- 新たな気づき
- 利用者の観察
- 情報の共有
- ケアプランの確認・見直し
- モニタリング

観察のポイント①
生活支援の場面

利用者が掃除や洗濯を手伝ってほしいと思うに至った原因は何でしょうか。病気や加齢による体力の低下など、利用者の背景を理解し、ケアプランに設定された利用者自身の目標を支援して、観察・記録を行います。

利用者の様子や生活環境を観察する

利用者宅を訪問して生活支援を行う場合は、**利用者の様子や生活環境に変化がないか観察することが重要です。**

顔色が青ざめている、カーテンは閉めきったまま寝巻きから着替えていないなど、訪問したらまず、利用者の様子や自宅の状態を観察します。また、連絡ノートや活動記録、利用者との会話から、前回のサービス提供時やその後の様子、食事内容などを察知します。

薬の飲み忘れによる一時的な血圧の変動や気候の変化への対応、室温・湿度にも注意して観察し、記録します。

利用者自身でできることに目を向ける

ヘルパーの行う調理や洗濯、掃除への不満を耳にすることがあります。不満の内容や利用者本人のこだわり、やり方をヒアリングし、手順書にまとめて先に合意しておきます。利用者ができたことや満足したときの言葉などを観察・記録し、次のヘルパーにつなぎます。

施設では利用者同士の関係と役割分担に注意する

施設でも利用者とともに家事を行うところが増えてきました。特にユニット型や小規模なホームでは、利用者それぞれが役割を持って、調理や後片付け、洗濯物干しなどを担います。

記録では、利用者一人ひとりの様子とともに、**利用者同士の関わり**にも注意します。隣にいると話が弾んだり、一緒に家事を行えたり、逆にトラブルになりがちなど、力の引き出し役となるためにも貴重な情報になります。

【記録のための観察のポイント】

◆生活支援の場面の観察ポイント

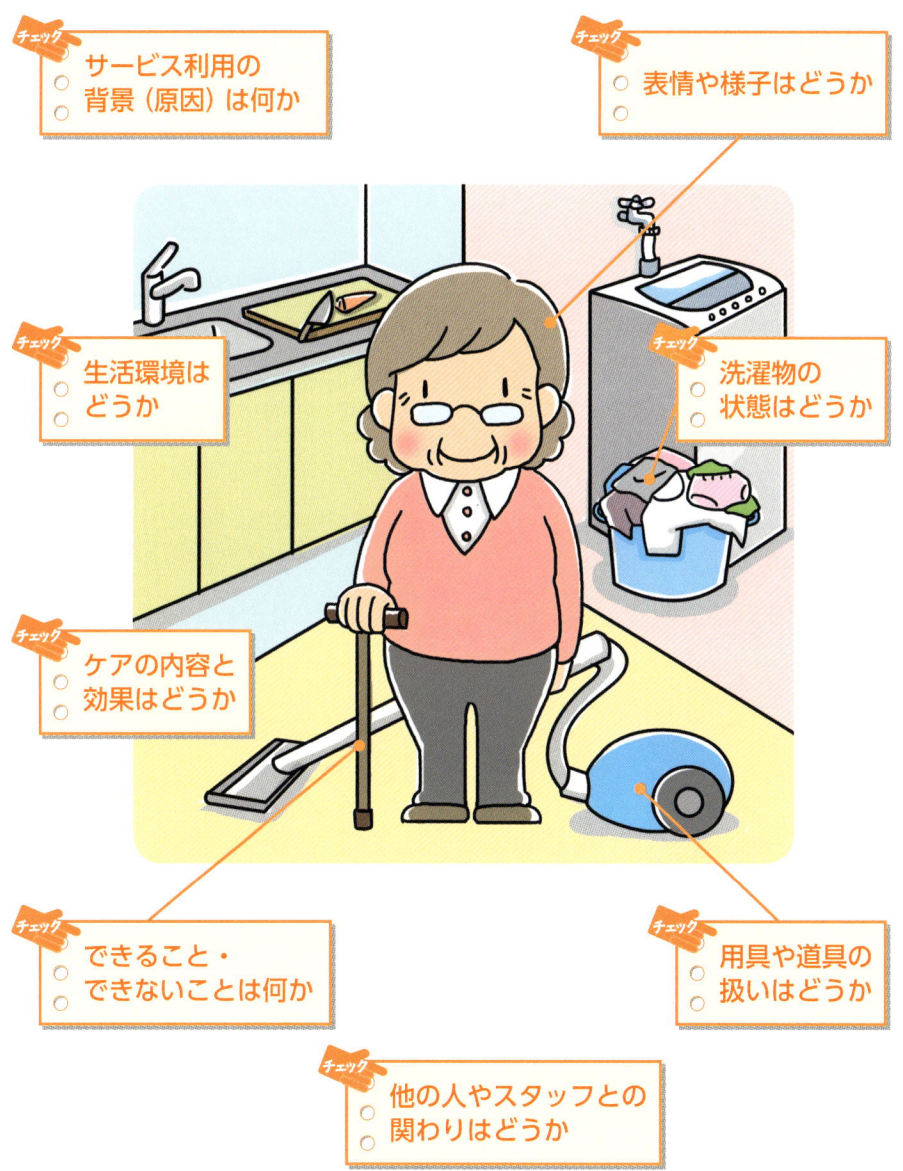

- チェック サービス利用の背景（原因）は何か
- チェック 表情や様子はどうか
- チェック 生活環境はどうか
- チェック 洗濯物の状態はどうか
- チェック ケアの内容と効果はどうか
- チェック できること・できないことは何か
- チェック 用具や道具の扱いはどうか
- チェック 他の人やスタッフとの関わりはどうか

観察のポイント②
食事の場面

食事は単に栄養分を満たし、体力保持のためだけにあるのではありません。利用者にとって3度の食事が楽しくなるよう、観察と記録は欠かせません。食べる姿勢や動作、嚥下（えんげ）状態、残した内容と量などをチェックし、献立に活かします。

食事の好みや姿勢を観察しきめ細かな対応を

　食事の好みは利用者ごとに異なるので、**好き嫌いなどを観察し、こまめに記録**しておくと、日頃の食生活はもちろんのこと、食欲が落ちてきた場合の献立づくりにも役立ちます。

　食事の場が楽しい時間になるよう、食べる姿勢や動作を観察することも大切です。また利用者の興味のある分野や関心事をふだんからチェックしておけば、楽しい会話とともに、食も自然と進むようになります。

　手にマヒがある場合でも、自助具などを使用して自分で食べたほうが満足感を得られますので、底が滑らず固定できる器、おにぎりのように手で食べられるもの、ゼリー状にしてこぼれない汁物など、**集められた情報をもとに検討・実践し、記録していきます。**

食事量・水分量を記録し摂取不足に注意する

　食事中は利用者の動作に目を配り、食後は残量、水分量をチェックします。食事の途中で箸が止まり食べにくそうな利用者は、義歯が合わないのかもしれません。落ち着きがない場合は、トイレへ行きたいのかもしれません。**利用者の行動にも注意を払いながら、様子を観察しましょう。**

　食事量が少ない場合は、補助食を提供したり、お茶の時間にカロリーが高いおまんじゅうなどの好物を食べてもらい、不足を補います。水分量は高齢者でも1日1500cc以上が望ましいといわれているので、こまめに提供し、チェックシートに記入します。コーヒーカップ1杯○cc、グラス1杯○ccとあらかじめ計量しておけば、**記録の際の目安となります。**

【記録のための観察のポイント】

◆食事の場面の観察ポイント

- チェック 嚥下はできているか
- チェック 食べ物の好き嫌いはあるか
- チェック 介助は必要か
- チェック 食器や自助具はどうか
- チェック 適切な姿勢・動作で食事をしているか
- チェック 食事の時間を楽しめているか
- チェック 食事の形態は適当か
- チェック 食事量・水分量はどうか

観察のポイント③
排泄の場面

排泄は利用者の尊厳に関わる難しい介護です。介護職は利用者の行動に目を配り、プライドを傷つけないような対応が求められます。排泄チェックシートや活動記録から排泄パターンを探り、チームで取り組んでいきます。

利用者の行動を観察し排泄のパターンを知る

利用者一人ひとりの排泄パターンを記録に残していきます。たとえば廊下を急いで歩いている、そわそわするといった**行動などから、排泄を事前に察知できます**。また、食後やフロアへの移動のたびに声をかけることで、排泄を促しやすい利用者もいます。

認知症の利用者に見られるように急に立ち上がるなど、危険な行動が観察・記録されている場合は、利用者の背後から話しかけるなど、ゆったりとした雰囲気で排泄に誘いましょう。

体調管理や排泄改善に活かされる排泄記録

排泄の記録は、時刻、失禁の有無のほかに色（濁りや血液のまじり）、量、形態など細かな観察を要します。便秘や下痢の場合は、医療関係者との連携が大切です。薬の処方や量、食事、運動などの内容を記録します。便秘と認知症の症状との関連にも注意しましょう。また、詳しいチェックが求められる一方、**利用者の尊厳にも関わる介護ですので、プライドを傷つけないような配慮が求められます**。

高齢になるとトイレが心配で外出を控えたり、夜にトイレへ行くのが大変だからと水分を控える傾向の利用者が多く見受けられます。介護職は利用者の声に耳を傾け、家族や介護職の間で連携し、経過も見ながら、適切なサイズのパッドやポータブルトイレの利用を検討していきます。

おむつ交換をする場合も尿や便のチェックを怠らないようにします。ふだんと違った様子が見られれば、医療職へ連絡します。

【記録のための観察のポイント】

◆排泄の場面の観察ポイント

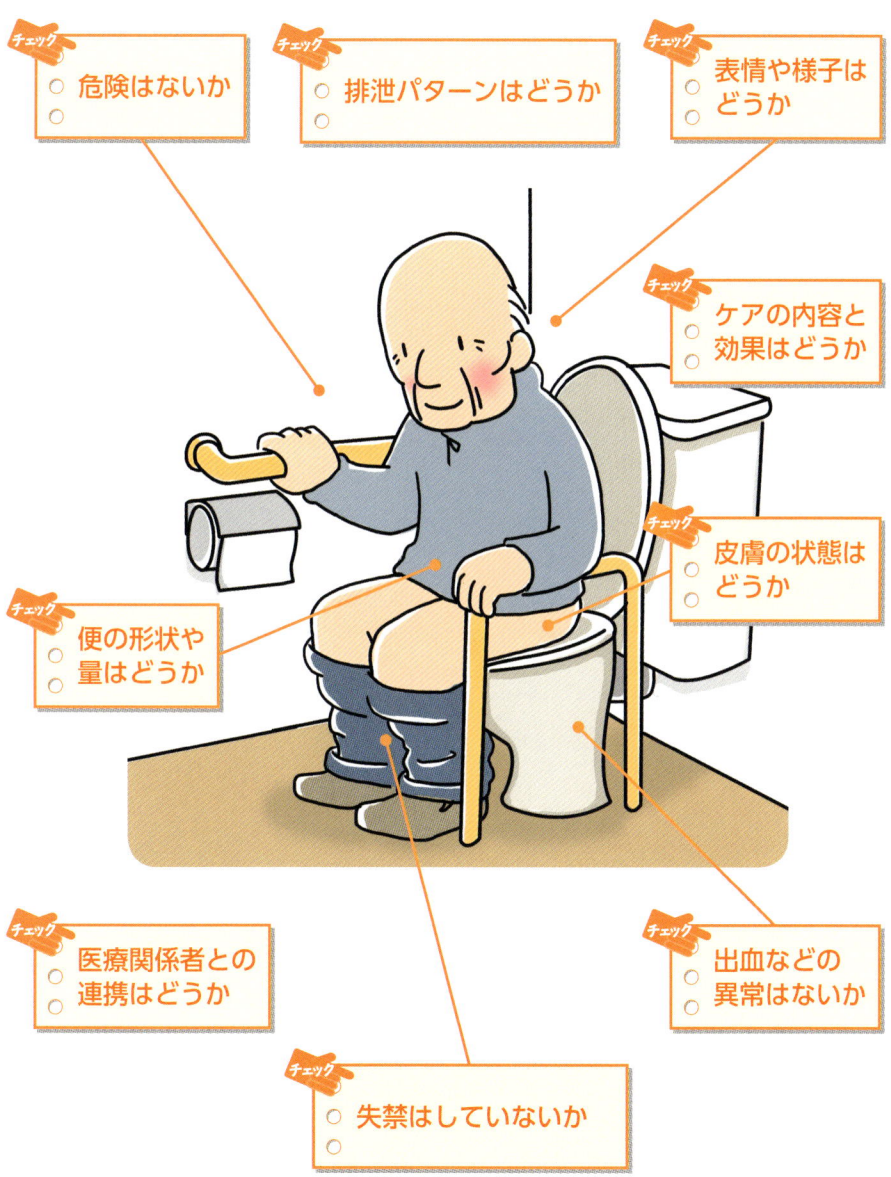

- チェック ○ 危険はないか
- チェック ○ 排泄パターンはどうか
- チェック ○ 表情や様子はどうか
- チェック ○ ケアの内容と効果はどうか
- チェック ○ 皮膚の状態はどうか
- チェック ○ 便の形状や量はどうか
- チェック ○ 医療関係者との連携はどうか
- チェック ○ 失禁はしていないか
- チェック ○ 出血などの異常はないか

観察のポイント④
入浴の場面

入浴を楽しみにしている人もいれば、嫌いな人もいます。清潔保持のためには週に２～３回の入浴が望ましいのですが、長期間入浴しない利用者への対応の成功例、失敗例などを記録し、ケースカンファレンスでの検討に役立てます。

入浴を通じて様子を観察しケアプランを見直す

入浴や清拭は全身を観察できる唯一の機会です。あざや皮膚のただれ、引っかいた跡などがあれば、それとなく利用者に確認したうえで記録し、看護師や医師に伝えます。流れ作業式に誘導・外介助・中介助と担当を分担し、入浴を手がける施設がある一方、バイタルチェックから更衣・入浴・水分補給まで、マンツーマンですべての過程に関わることもあります。いずれの場合も、**入浴の様子や身体の状態を、わかりやすく具体的に記録します。**

在宅の場合、汚れた下着を何日もつけていた様子があれば、家族やサービス提供責任者と相談し、パッドの使用を勧めてみるのも一案です。

衣類の着脱や洗髪・洗身の一部など、**利用者のできるところを観察し、効果的なリハビリ計画につなげる**のも大切な視点です。

入浴時に潜む危険性を事前にチェックする

入浴の際は、脱衣室や居間の室温と浴室の温度変化による血圧の急上昇に注意します。入浴前には、体温や血圧を測定する一方、室温や浴室・お湯の温度チェックも欠かせません。

手すりはあっても浴室は滑りやすいため、あらかじめ職員間で危険箇所への対処やふらつきへの対応などを検討し、情報を共有しておきます。

家庭の浴室では、バスボードや浴槽台など、用具も使って工夫しながら入ります。デイサービスや訪問入浴などを利用するのも一案ですので、利用者の入浴の様子を観察して記録し、ケアマネジャーにつなぎます。

【記録のための観察のポイント】

◆入浴の場面の観察ポイント

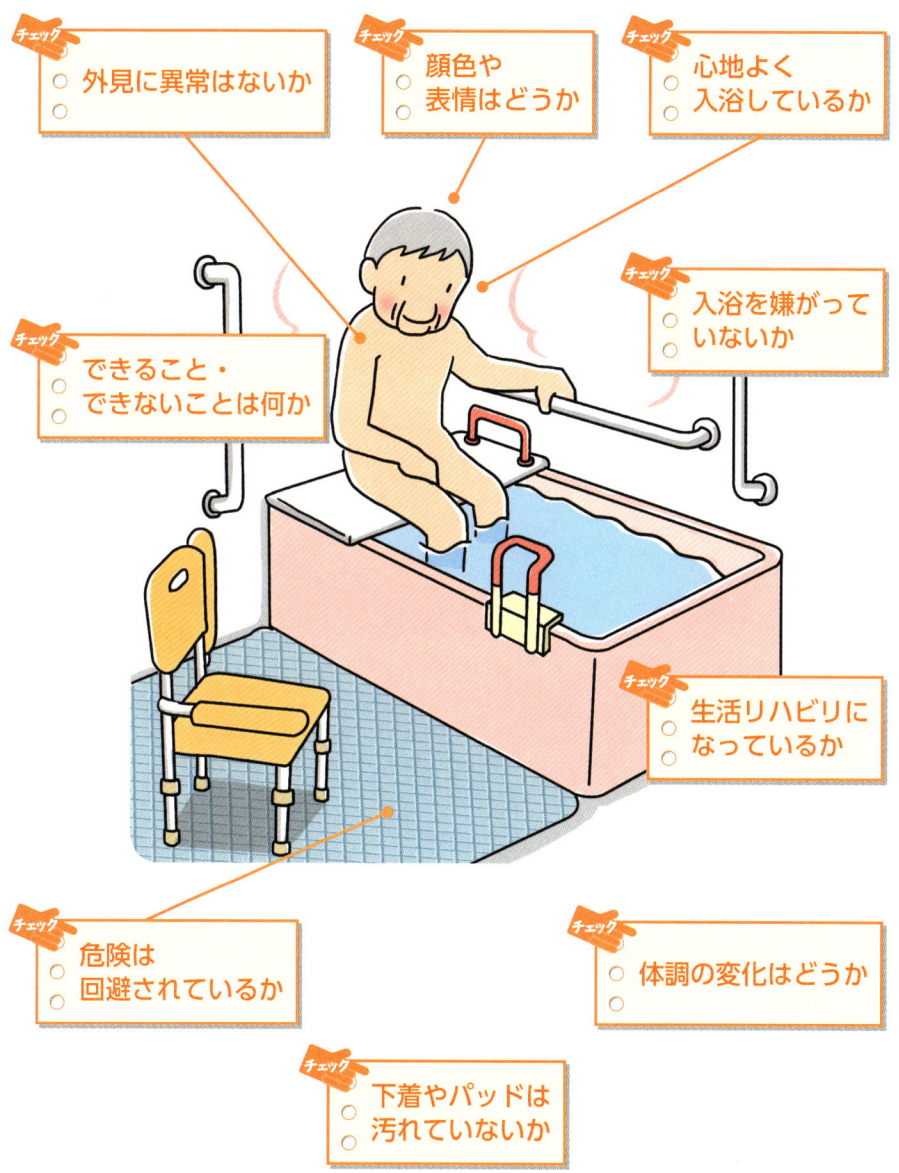

- チェック 外見に異常はないか
- チェック 顔色や表情はどうか
- チェック 心地よく入浴しているか
- チェック できること・できないことは何か
- チェック 入浴を嫌がっていないか
- チェック 生活リハビリになっているか
- チェック 危険は回避されているか
- チェック 体調の変化はどうか
- チェック 下着やパッドは汚れていないか

観察のポイント⑤
移動・移乗の場面

身体機能の低下した高齢者の場合、安全な移動は生活の幅を確保するうえでとても大切になります。杖や歩行器、車いす、それぞれの特徴も理解しながら、利用者の力との最適な組み合わせをみていきましょう。

福祉用具で利用者の自立を支援する

　移動の能力は個人差がとても大きいものです。手すりや家具を使って何とか伝い歩きができる人、杖や歩行器を使う人、車いすを手や足で自走する人、介助者に任せる人などさまざまです。

　それに対応して、福祉用具もいろいろなものがあります。同じ杖でもT字杖や四点杖、腕で補助するものなどがあり、歩行器も車輪やシートのついたものから、コの字型のアームタイプのものまで、それぞれ扱い方が異なります。

　車いすも最近はフットレストの長さや高さ、リクライニングやチルトなど背面の動き、車輪の大きさやブレーキの位置など、利用者に合わせたものが増えています。

　介護職やヘルパーは**本人の力を見極めながら、なるべく自立した方法で移**動が可能となるように支援します。特に、歩行器を使い始めたときや、車いすを変えたときなどは要注意です。**ていねいに記録をすることで、理学療法士などのリハビリ職や福祉用具の相談員と情報を共有できます。**

移動・移乗の行為に限らず生活全体を見通す

　移乗も介助の役割が大きい重要なポイントです。**利用者の自立した動きを促しながら、介護職の側も無理のない姿勢で介助でき、安全に移る**ためには、適切なベッド柵や立ちあがり用のバー、布団の硬さ、車いすの配置など、用具や環境の整備も望まれます。

　移動・移乗そのものは目的ではありません。どこへ行きたいか、利用者の希望も聞いて書き残しておきましょう。

【記録のための観察のポイント】

◆移動・移乗の場面の観察ポイント

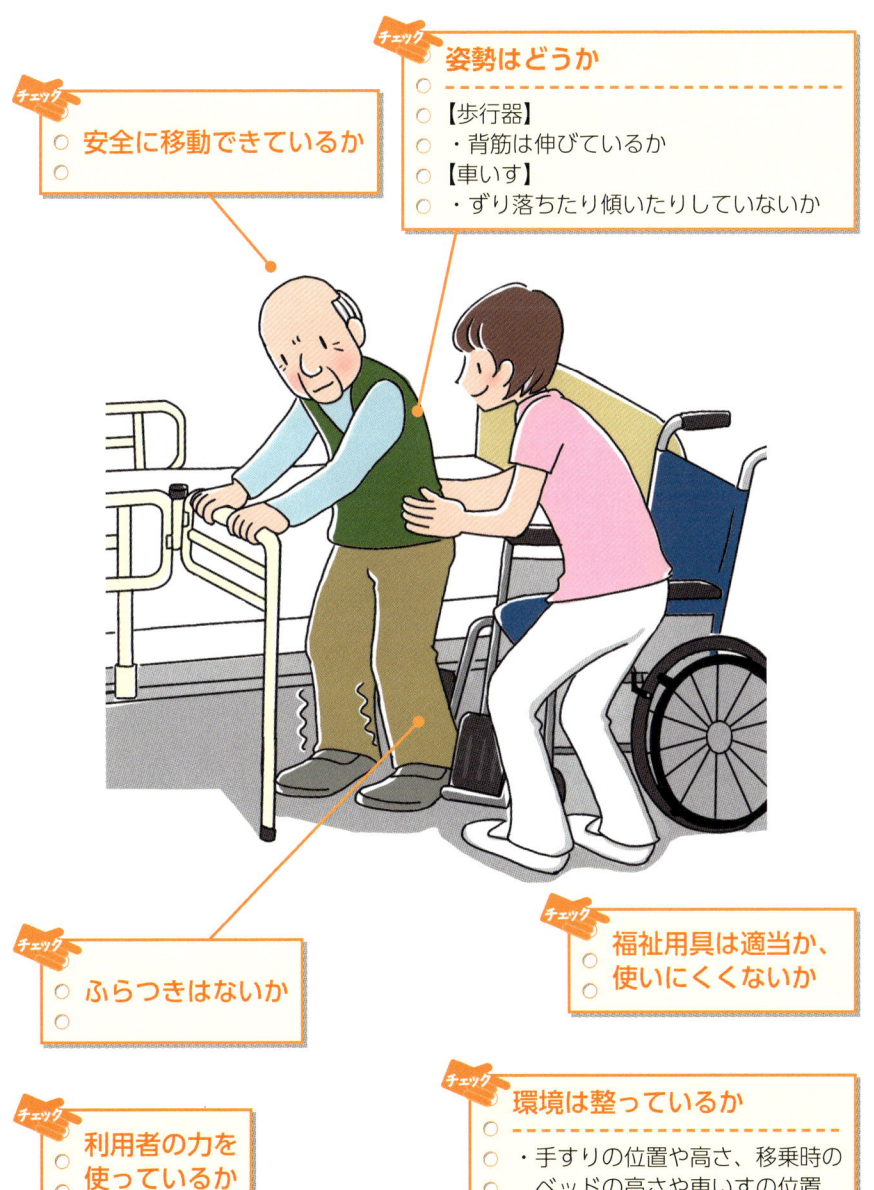

チェック 安全に移動できているか

チェック 姿勢はどうか
【歩行器】
・背筋は伸びているか
【車いす】
・ずり落ちたり傾いたりしていないか

チェック ふらつきはないか

チェック 利用者の力を使っているか

チェック 福祉用具は適当か、使いにくくないか

チェック 環境は整っているか
・手すりの位置や高さ、移乗時のベッドの高さや車いすの位置

観察のポイント⑥
レクリエーションの場面

施設での行事や外出を楽しむレクリエーションは、高齢者にとって楽しい活動です。生きる意欲につながる活動になるよう、参加者の様子やふだんと違った動きや会話などを細かく観察し、次回以降の企画につなげます。

「その人らしさをとらえて楽しまれる企画を立てる」

利用者の趣味や生活歴、できること・できないことを頭に入れ、日々の介護や会話の中で好きなこと、やりたいことを引き出し、記録していきます。花見やクリスマス会、ボランティア活動などの行事のほか、散歩、買い物、外食など個人の楽しみを活かしたレクリエーションが望まれます。

行事への参加を無理やり勧めるのではなく、**記録をもとに、利用者が参加してみようかなと思える企画を立てます**。ふだんは食が進まない利用者も、誕生会ではケーキを残さず食べ、紅茶もおかわりしたりします。また、日頃会話の少ない利用者が、満面の笑みでお礼の言葉を述べたりすることもあります。

こうした**日常生活では出てこない利**用者の様子や動きも記録に残します。

「レクリエーションの成否は十分な準備と記録がカギ」

歌や体操は食欲を増進し、ADL（日常生活動作）の改善にもつながりますが、手工芸や絵、クイズなどが好きな方もいます。

利用者や参加した家族、介護職の声が生き生きと書かれていると、その場の雰囲気が伝わってきます。「楽しそうだった」「つまらなそうだった」という主観的な感想ではなく、「『カナリアの歌』は涙を流して聞いていた」「手拍子を打っていた」など具体的に書きます。

外出する場合は、服装、乗り物での様子、興味を示したこと、帰ってきてからの疲れ具合などを書き残し、次回のお出かけに反映します。

【記録のための観察のポイント】

◆レクリエーションの場面の観察ポイント

チェック
○ 好みはどうか

チェック
○ 楽しめているか

チェック
○ 環境や道具は
○ どうか

チェック
○ 他の利用者との
○ 関わりはどうか

チェック
○ 日頃と異なる様子が
○ 見られるか

チェック
○ 様子や会話はどうか

観察のポイント⑦
夜間の場面

夜勤者は、利用者の日中の様子や、夜間注意して見守るべき点を日勤者から伝えられます。日中や前の晩の記録をさかのぼって読み、全員の状態を把握します。また、容態の変化や突発的な事故に備えて、緊急時の対応方法を確認します。

正確な観察が求められる夜間の巡回

夜間巡回時には、ドア越しに利用者の様子を見るだけでなく、**息づかいや寝返りの様子、発汗や発熱はないか、おむつは濡れていないか、ベッドから落ちる危険性はないかなどを観察します**。「傾眠」「入眠」「良眠」といった主観的な表現を避け、「10：00　巡視すると寝息をたてて眠っていた」「0：00　目を開いていたが30分後に眠っているのを確認した」「4：00〜6：00　リビングで車いすに乗りウトウトしていた」など、正確な時刻と様子を記録します。

不穏や容態急変時の観察と対応

施設で個室が増えたこともあり、夜になると不安を訴える利用者もいます。廊下をウロウロしてトイレを探していたり、日中ウトウトして昼夜逆転している場合もあります。室温や湿度、照明などもチェックし、さまざまな角度から不眠の原因を探ります。

ターミナル期の利用者が急変した場合、バイタル（血圧、脈拍、体温）をチェックし、医療関係者や家族に連絡を入れるとともに、施設の責任者と相談し対応します。

もし巡視の際、利用者がベッドの下にうずくまっているのを発見した時は、すぐに「転倒」と判断せずに**落ち着いて話しかけ、意識の有無、痛みはあるか、失禁や吐いた形跡はないか確認し、バイタルを測定します**。状況に応じて他の夜勤者や主任に連絡し、その後の対応を決めます。時刻や状態、利用者の話を手早くメモし、他の利用者への影響がないように注意します。

【記録のための観察のポイント】

◆夜間の場面の観察ポイント

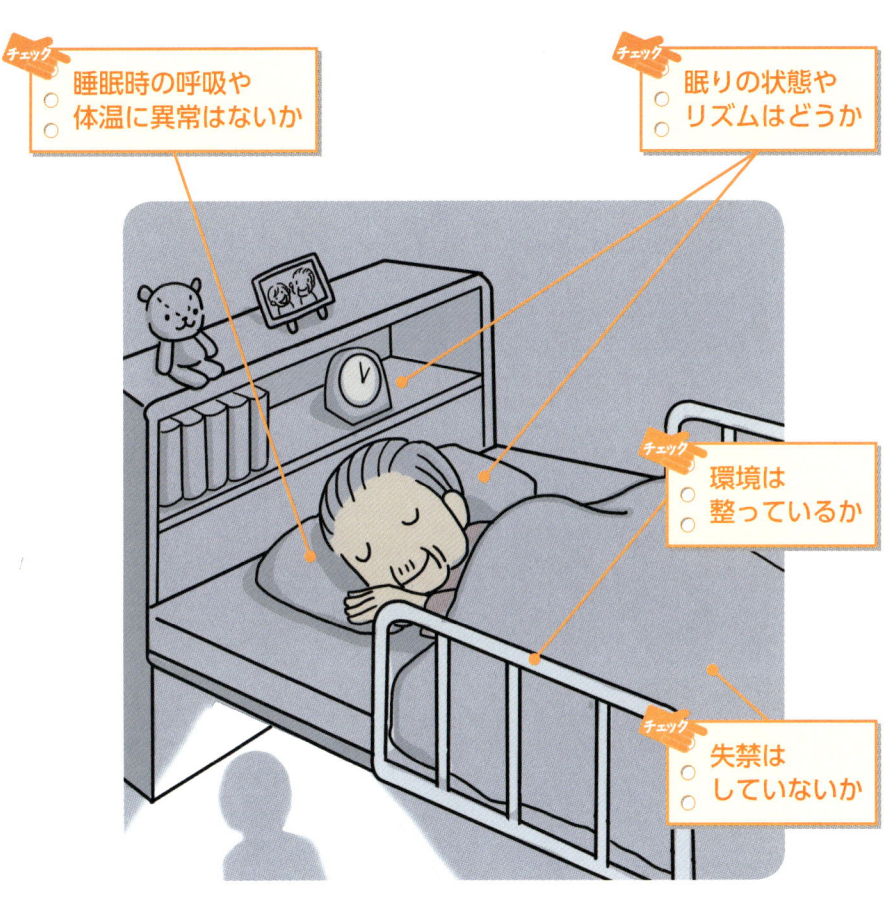

チェック
- 睡眠時の呼吸や体温に異常はないか

チェック
- 眠りの状態やリズムはどうか

チェック
- 環境は整っているか

チェック
- 失禁はしていないか

チェック
- 利用者の不安はどうか

チェック
- 他の利用者への影響はどうか

チェック
- 不穏や容体急変時の対応はどうか

観察のポイント⑧
送迎の場面

デイサービスの利用時は、送迎の際に観察すべきポイントが数多くあります。また利用者家族との貴重な接触の場でもあるので、連絡ノートなどを通じて家族と記録をやりとりし、良好なコミュニケーションを保つ必要があります。

送迎時の様子や変化を観察する

利用者宅への迎えにあたっては、まず**利用者の服装や持ち物などの変化に注目します**。おしゃれな服装で、季節に応じた素敵なバッグを抱えてバスを待っている女性は、デイサービスに行くことが楽しみになり、季節や曜日の認識が出てきたサインです。一方、コートの下はパジャマのままで、紙袋におむつがむき出しのまま入れてある場合は、介護する家族の体調不良や、家族間のトラブルがあるかもしれません。

加えて、送迎場所に来ていない、自宅に誰もいないなど、送迎時のハプニングやアクシデントも多々あるので、日頃から近隣の人や、ケアマネジャーとの連携が重要になります。

送迎専用スタッフがいる場合、車の中での利用者の気になる様子や会話などを記録してもらい、情報を共有するようにします。

連絡ノートを活用し信頼関係を高める

デイサービスが単なる預かり場所にならないために、**利用者や家族が何を求めているのか、ケアプランの目標に向かっているのか、連絡ノートから読み取りましょう**。

介護職はバイタルや食事メニュー、活動内容だけを記録するのではなく、利用者の様子や言葉、特にできたことなどを、雰囲気が伝わるように記します。体調の変化は専門用語や略字を使用せず、わかりやすく書きます。家族には帰宅後の様子や感想を書いてもらいます。今後に向けての課題や要望を引き出すことでサービスに役立てることができ、信頼関係も深まります。

【記録のための観察のポイント】

◆送迎の場面の観察ポイント

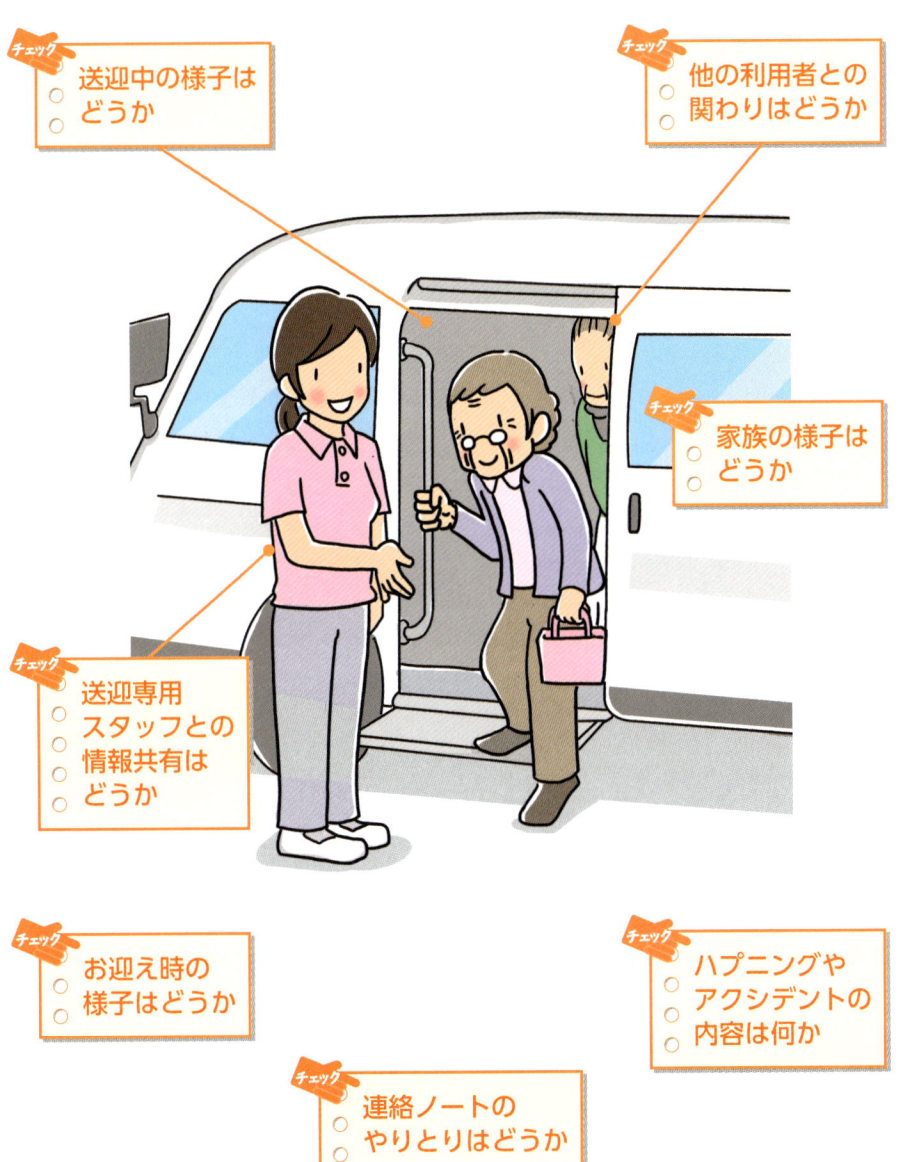

- チェック 送迎中の様子はどうか
- チェック 他の利用者との関わりはどうか
- チェック 家族の様子はどうか
- チェック 送迎専用スタッフとの情報共有はどうか
- チェック お迎え時の様子はどうか
- チェック 連絡ノートのやりとりはどうか
- チェック ハプニングやアクシデントの内容は何か

観察のポイント⑨
認知症ケアの場面

認知症のAさんではなく、Aさんは認知症の症状があるという視点で観察し、記録していきましょう。できないことよりもできることに目を向け、怒りや訴えがよく出てくる時間や原因をメモし、チームケアにつながる記録を書きます。

利用者自身を見つめ症状を軽減する

認知症にみられる行動障害は、介護職の対応の仕方で変わります。**利用者に寄り添いながらその人らしさを引き出す**ことが大事です。

行動や会話の中で、かつて踊りをやっていたことがわかり、夏祭りで若い職員の浴衣の着付けをお願いしたところ、いきいきと振る舞うといったことがあります。

介護職同士で学び合い生活の質の向上につなげる

認知症が進むと一人での着替えや入浴、排泄などが難しくなっていきますが、「人の世話にはなりたくない」「一人でできる」「恥ずかしい」といったプライドは残っています。どのような声かけをしたら快く応じてくれたかを記録し、介護職同士で話し合います。**接し方を学び合うことで、利用者の生活の質の向上につなげましょう。**

利用者の気持ちをくみ取り行動の原因を理解する

落ち着かない、急に怒り出すなどの行動には理由や原因があります。家族とも情報を共有し、原因を探ったうえでケアを工夫し、様子をみます。

子どものためご飯をつくらなくてはと思い込んだり、隣人に被害妄想をもつなど、利用者の行動の理由はさまざまです。日中居眠りをして夜間眠れない、便秘が続き食欲がないなど、認知症の人は自分の気持ちや体調の変化を伝えることができません。**介護職が利用者の表現できない気持ちをくみ取ることが重要です。**

【記録のための観察のポイント】

◆認知症ケアの場面の観察ポイント

観察のポイント⑩
医療的ケアの場面

施設や在宅での医療的ケアの需要が高まっており、今後ますます増えていくと考えられます。介護職は薬や疾患の知識、医療的ケアへの対応、医療看護職との連携が重要となり、情報を共有して丁寧に記録することが求められます。

医療と介護の連携強化で安心・安楽な介護を提供

　介護保険法の改正により、医師の指導のもと、**介護職が看護師と連携し、痰の吸引、経管栄養（鼻腔、胃ろう、腸ろう）を行う医療的ケアが認められました**。介護職は病気や薬に関する知識を身につけ、安全・安楽な介護を提供し、記録する必要があります。

　たとえば、接続部の漏れはないか、カテーテルは詰まっていないか、血液は混じっていないかなど常に観察が必要です。薬が変更されれば、その後の様子を観察したうえで記録し、急変した場合は医療看護職に速やかに報告します。

　褥瘡も注意が必要で、皮膚の状態を観察して、早めの対処につなげます。

　また、利用者のちょっとした変化に気づけるのも、生活を支える介護職ならではです。なんとなく元気がない、食欲が落ちているなど、病気の兆候を見逃さないようにしましょう。

　ターミナルケアの場合は、バイタルサインのこまめな計測は欠かさず、意識レベル、呼吸状態、唇の色や顔色などを観察し、記録します。

事前の話し合いや対応で感染症対策を強化する

　施設ではO-157やノロウイルスなどの感染症に集団で罹患することがしばしばあります。

　前もって感染症の知識を学び、予防対策を話し合い、マニュアル化して、家族にも協力を依頼します。

　予防が何より重要ですが、重篤な感染が出た場合は、保健所などとも連携し、速やかに対処することが不可欠です。

【記録のための観察のポイント】

◆医療的ケアの場面の観察ポイント

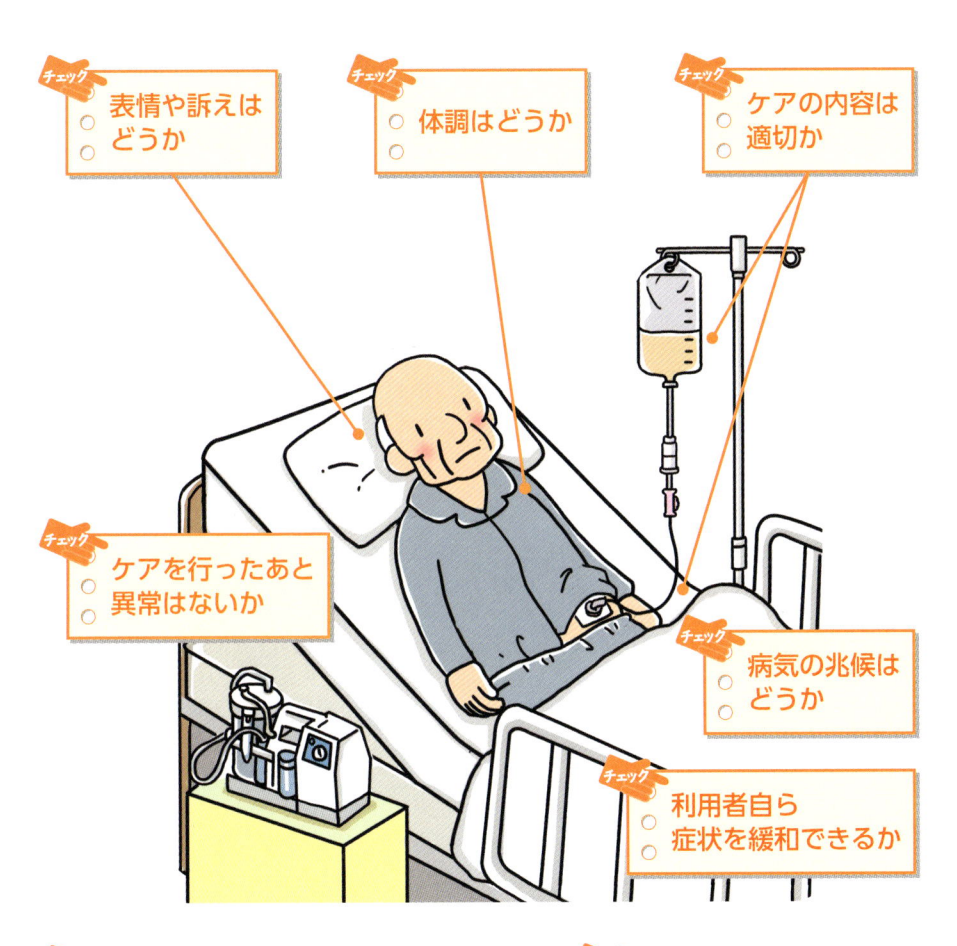

チェック 表情や訴えはどうか

チェック 体調はどうか

チェック ケアの内容は適切か

チェック ケアを行ったあと異常はないか

チェック 病気の兆候はどうか

チェック 利用者自ら症状を緩和できるか

チェック 医療的ケアごとのポイント
- 【痰の吸引】
- ・痰の色や量はどうか
- ・出血はないか
- 【経管栄養】
- ・入れる速さは適当か
- ・おう吐や不快感はないか

チェック 感染症の疑いはあるか

チェック 医師、看護師の指示はどうか

観察のポイント⑪
家族対応の場面

在宅でも施設でも、利用者家族との信頼関係を築くことにより、より良いサービスを提供できます。家族の置かれた状況や心労を把握し、要望に耳を傾け、集められた記録を参考にしながら、親身な対応が求められます。

記録を通じて築かれる家族との信頼関係

介護の記録は、家族から閲覧の希望があれば開示しなければなりません。「Aさんと口論になり手を振り上げた」とだけ記録に書かれ、利用者の言い分や原因、介護職の対応などが書かれていなければ、家族としては状況を理解できず、いい気持ちがしません。「介護職がすぐに間に入り、廊下に一緒に行ってソファーに座り、落ち着いたところで怒りの原因を聞いた……」と対応が書かれていれば、利用者の気持ちをくんで対応してくれたと家族は納得します。

記録は客観的に書くのが基本ですが、「リハビリを頑張っている姿に胸が熱くなった」という記述を家族が読み、「優しい介護職の心づかいに感謝します」と言われるなど **記録を通して信頼関係が築かれる一面もあります。**

利用者家族の状況を観察し心労を極力軽減する

「目が離せない」「近隣に迷惑をかける」など、認知症やターミナル期の利用者を抱える家族の心労は相当なものがあります。ヘルパーが訪問した際、家族に疲れている様子が見られたら、仕事の前後に話を聞き、休んでもらったり、気晴らしに外出を提案したりします。ケアマネジャーにも報告すると、デイサービスやショートステイの利用や介護者家族の会などにつながるかもしれません。

「実施記録」には家族の様子のほかに、台所やゴミ捨てなど家の中の状態、食事がきちんと摂れているかなどを記録します。**老老介護や息子が老親を介護している場合は特に注意します。**

【記録のための観察のポイント】

◆家族対応の場面の観察ポイント

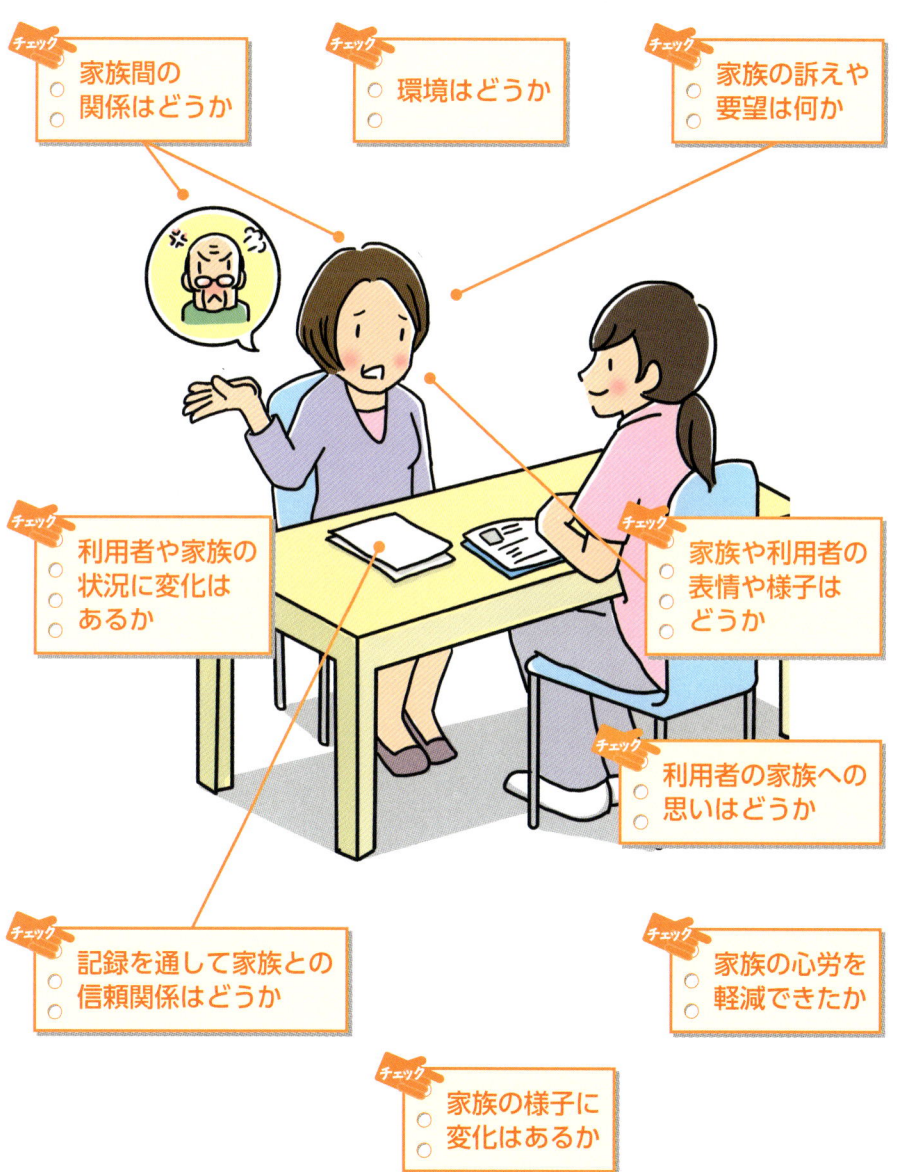

- チェック 家族間の関係はどうか
- チェック 環境はどうか
- チェック 家族の訴えや要望は何か
- チェック 利用者や家族の状況に変化はあるか
- チェック 家族や利用者の表情や様子はどうか
- チェック 利用者の家族への思いはどうか
- チェック 記録を通して家族との信頼関係はどうか
- チェック 家族の心労を軽減できたか
- チェック 家族の様子に変化はあるか

観察のポイント⑫
事故、ヒヤリ・ハットの場面

どこまでが事故であるか、施設や事業所ごとに決めておくことが望まれます。大きな事故には至らなかったが、寸前に回避できた事例は、必ずヒヤリ・ハット報告書に記録し、その後の事故防止に活かすようにします。

目撃した事実のみを記録し事故の再発防止に役立てる

利用者に24時間付き添っていない限り、事故を100％防ぐことはできません。しかし起こってしまった事故を分析し、原因や危険因子を取り除くことで、かなりの事故は防げます。

事故内容、時間帯、介護職の数、場所、状況、経過、報告事項など事実を細かく記録しておきましょう。推測や想像ではなく、実際に目撃した場面を書きます。「トイレで尻もちをついた」という記録だけでは、便器に座ろうとして尻もちをついたのか、手を洗おうとして転倒したのか判断できません。利用者の意識や痛みを確認し、他の介護職に連絡した後にバイタルを測定します。落ち着いたところで状況を聞き、座り込んでいた位置や時刻をメモします。骨折などが考えられる場合は、医療関係者や責任者、家族に連絡し、指示を仰ぎます。「下着が脱ぎにくかったため」など原因も記録します。

事故を防ぐ対策を立て連絡先は見えるところに

「杖で歩行中、石につまずいてよろけたが、付き添っていたヘルパーが支えた」というように、もう少しで事故になりそうだった場合は、ヒヤリ・ハット報告書に書きます。**対策を検討し、事故報告書同様にヒヤリ・ハット報告書も時刻、状況に加えて位置や環境などを図で示します。**

在宅の場合、医療関係者や家族の連絡先、利用者宅の住所、電話番号を見えるところに貼っておきます。認知症の利用者の服装は常にチェックしておき、いなくなった場合に速やかに近隣や警察に伝えられるようにします。

【記録のための観察のポイント】

◆ 事故の場面の観察ポイント

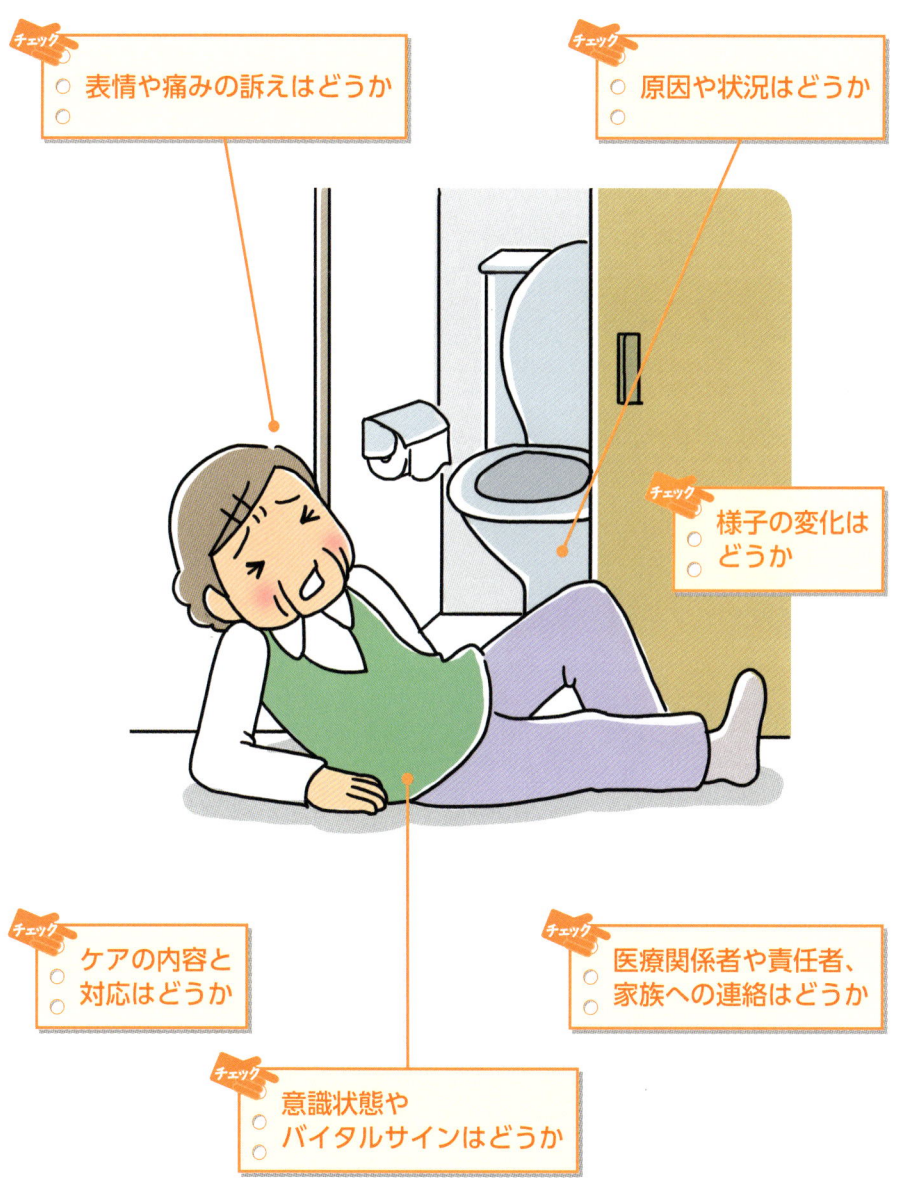

- チェック 表情や痛みの訴えはどうか
- チェック 原因や状況はどうか
- チェック 様子の変化はどうか
- チェック ケアの内容と対応はどうか
- チェック 意識状態やバイタルサインはどうか
- チェック 医療関係者や責任者、家族への連絡はどうか

◆ヒヤリ・ハットの場面の観察ポイント

メンドーな記録を楽しむ方法
介護記録を「ネタ帳」に！

　ここまで、各ケアでの観察ポイントを挙げてきましたが、介護の仕事を長く続けていると、これらは自然に身に付いてくる視点でもあります。観察ポイントがわかれば、記録を書く段階になって「ハテ何を書こうかな？」と迷ったりしなくて済むはずです。もっとも、意識してアンテナを張るようにしていないと、つい見過ごしてしまいがちな点でもあります。

　「決められているからやること」「早く済ませて帰りたい」などと思いながら記録を書いていると、どうしても形式的なものになってしまいます。施設では複数の人のファイルを並べて同じことを判で押したように書き連ねたり、在宅ではチェック項目だけ埋めて記述を残さないといったカタチで終わってしまいます。

　時間のない中で、具体的な利用者の言動を長々とつづっている余裕はありませんが、「今日はよく観察していつもと違うところを見つけよう」「トイレを嫌がるけれども新しい作戦を試してみよう」「おしゃべりの中から機嫌を好転させる愉快なトピックを探そう」などとテーマをもって利用者と関わると、その結果を記録に書くというハリが生まれます。はじめから全員分は無理でも、特定の２、３人の利用者を決めて取り組んでみると良いでしょう。

　また、観察というと第三者のように外から眺めているようですが、実際は利用者と自分との関わりによる相互作用が常にあります。逆に利用者の方が、介護職の動きや性格をよく見抜いていて、利用者同士で品定めをしていたりすることもあります。観察のアンテナを張っているつもりでも、実際の人間関係にはさまざまなノイズが発生しています。利用者のある種したたかな面に振りまわされながら、双方向の関わりを深めていきます。思わずやられた〜！といったネタを集めることも、記録の醍醐味といえるでしょう。

本書の使い方

本書は、施設と在宅の両方の介護記録の書き方を、基本的な文章のルールから具体的な事例ごとの記録の書き方まで解説する実用本です。
巻頭「介護記録とは？」「記録のための観察のポイント」＋全3章＋別冊「介護用語＆資料集」で構成されています。

巻頭

介護記録とは?

介護記録を書く目的や、記録の意味・役割について再確認します。

記録のための観察のポイント

記録をつけるために必要な観察ポイントを、「食事」「入浴」など具体的な場面ごとに解説します。

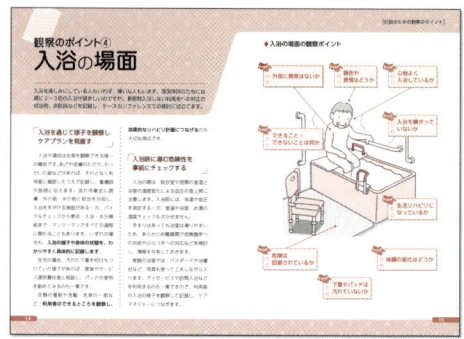

第1章

基本的な記録の書き方

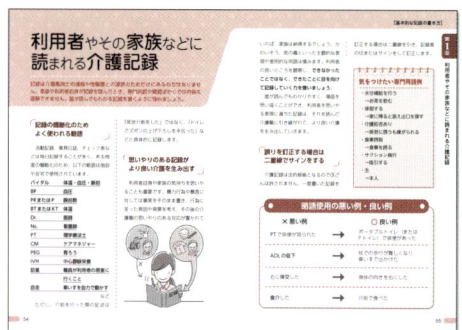

「介護記録」と呼ばれる書式の種類や基本的な書き方のルール、書き方のコツなどを図解とともに解説します。

第2章 事例ごとの介護記録の書き方とポイント

各記録の場面の、観察から記録までの流れを具体的に解説しています。

利用者情報
記録をつけるために必要なパーソナルデータや、利用者のサービス利用の背景などの情報です。

観察のポイント
利用者情報とケアの場面において、特に重要な観察ポイントには「チェック」マークをつけています。

メモ
実際にどのようなケアを行ったか、どのような反応があったかなどを記したメモです。

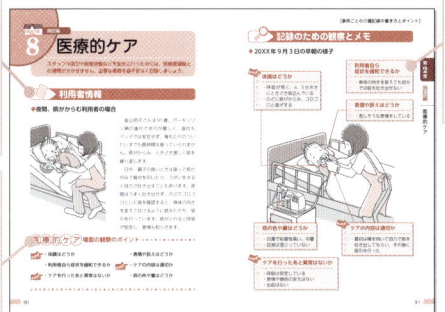

良くない記録の例
メモの内容から作成した介護記録で、現場の介護職員がやってしまいがちな間違い、不充分な書き方をしている記録例です。

改善のポイント
「良くない記録の例」を「良い記録の例」にするための、具体的な改善ポイントです。

良い記録の例
「良くない記録の例」に「改善のポイント」を加えて修正した記録です。

まとめ
この事例や場面での記録についてのまとめです。

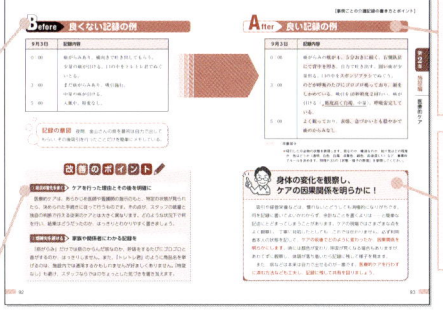

第3章 事故、ヒヤリ・ハット事例

事故やヒヤリ・ハットが起きた場面の記録の書き方を解説しています。

別冊 介護用語&資料集

介護・福祉に関する用語集や、身体各部位の名称、西暦と年号の対応表など、介護の場面で役立つ内容をまとめた別冊資料集です。

※本書は原則として、2013年7月時点で入手できた情報に基づいて編集しています。

目次

介護記録とは？

介護記録はケアプランの達成を確認するもの ……… 2
介護記録を書く３つの目的を理解する ……………… 4
日々の介護に活かす観察と記録のポイント ………… 6

記録のための観察のポイント

観察のポイント① 生活支援の場面 …………………… 8
観察のポイント② 食事の場面 ………………………… 10
観察のポイント③ 排泄の場面 ………………………… 12
観察のポイント④ 入浴の場面 ………………………… 14
観察のポイント⑤ 移動・移乗の場面 ………………… 16
観察のポイント⑥ レクリエーションの場面 ………… 18
観察のポイント⑦ 夜間の場面 ………………………… 20
観察のポイント⑧ 送迎の場面 ………………………… 22
観察のポイント⑨ 認知症ケアの場面 ………………… 24
観察のポイント⑩ 医療的ケアの場面 ………………… 26
観察のポイント⑪ 家族対応の場面 …………………… 28
観察のポイント⑫ 事故、ヒヤリ・ハットの場面 …… 30

コラム ……………………………………………………… 33

本書の使い方 ………………………………………………… 34

第1章 基本的な記録の書き方

- 介護記録の種類と記録に適する文体 ……………………… 40
- 明快な記録を書くための文章の基本と書き方 ……… 48
- 時刻、場所、数値、情報源を明確に書く ……………… 50
- 客観的な事実をとらえたまま書く …………………… 52
- 利用者やその家族などに読まれる介護記録 ………… 54
- 言葉で表しにくい利用者・記録の場合 ……………… 56
- コラム ……………………………………………………… 58

第2章 事例ごとの介護記録の書き方とポイント

- 施設での記録の考え方とポイント ……………………… 60
- 事例1 生活支援 ………………………………………… 62
- 事例2 食事 ……………………………………………… 66
- 事例3 排泄 ……………………………………………… 70
- 事例4 入浴 ……………………………………………… 74
- 事例5 レクリエーション ……………………………… 78
- 事例6 夜間 ……………………………………………… 82
- 事例7 認知症ケア ……………………………………… 86
- 事例8 医療的ケア ……………………………………… 90
- 事例9 看取り …………………………………………… 94
- 事例10 家族対応 ………………………………………… 98

在宅、デイサービスなどの記録の考え方とポイント …… 102
| 事例1 | 生活支援 …………………………………… 104
| 事例2 | 食事 ………………………………………… 108
| 事例3 | 排泄 ………………………………………… 112
| 事例4 | 入浴 ………………………………………… 116
| 事例5 | 夜間（ショートステイ）………………… 120
| 事例6 | 送迎（デイサービス）…………………… 124
| 事例7 | 精神疾患・うつ症状 ……………………… 128
| 事例8 | 認知症ケア ………………………………… 132
| 事例9 | 医療的ケア ………………………………… 136
| 事例10 | 家族対応 …………………………………… 140
| コラム | …………………………………………………… 144

第3章 事故、ヒヤリ・ハット事例

事故、ヒヤリ・ハットの考え方とポイント ………… 146
| 事例1 | 事故／転倒（施設）……………………… 148
| 事例2 | ヒヤリ・ハット／車いす事故 …………… 152
| 事例3 | ヒヤリ・ハット／服薬ミス（施設）…… 156
| 事例4 | 事故／誤嚥・窒息（在宅）……………… 160
| 事例5 | 事故／行方不明（施設）………………… 164
| 事例6 | ヒヤリ・ハット／トラブル（施設）…… 168
| 事例7 | 事故／災害（施設）……………………… 172

別冊 介護用語＆資料集

第1章
基本的な記録の書き方

記録の種類や記録を書く文体など、記録を書くために必要な基本的な知識を学習します。また、記録の書き方のコツやポイントをしっかり押さえて自分の記録に役立てましょう。

介護記録の種類と記録に適する文体

介護記録には、制度上様式が決まっているケアプランなどをはじめ、施設や事業所ごとに用紙や書き方が異なるものの保存する必要がある活動記録、業務日誌、事故報告書や、それ以外のチェックシート、連絡ノートなどがあります。

介護記録の種類とそれぞれの役割

①介護サービス計画書（ケアプラン）

在宅では「居宅サービス計画書」、施設では「施設サービス計画書」に、利用者一人ひとりの介護の目標や援助内容が書かれています。たとえば、Aさんの長期目標は「図書館に行けるようになる」、短期目標は「家の近くのコンビニまで歩いて買い物に行く」、援助内容が「Y事業所のヘルパーと毎週月曜日パンを買いに行く」とケアプランに書かれている場合なら、**ヘルパーは目標を達成できるように、計画通りサービスを提供していきます。**

②フェイスシート

利用者の家族構成、生活歴、病歴、趣味、できること・できないこと、家の間取り図、近隣情報、医療機関、服用中の薬、緊急連絡先など**利用者の情報**が書かれています（P.42参照）。介護職は利用者のこれまでの人生を理解したうえで支援していきます。図書館では何の本を借りたいのか、コンビニは家から歩いて何分のところにあるのか、途中に休憩するベンチがあるのか、近所に親しくしている人はいるのかなど、Aさんの情報源となります。

③介護記録（ケース記録）

日中の様子、夜間帯の睡眠の様子など時間を追って記録します。「『コンビニまで杖だけでは心配だ』とAさんが言ったので車いすも持っていき、帰り

【基本的な記録の書き方】

は車いすで帰宅した。『疲れたけどいい運動になった、次は帰りも歩きたい』とAさんは言った」というように、できたことや前向きな言動を書くと利用者の気持ちが伝わってきます。

何もしなかったとしても、「特変なし」ではなく、利用者自身に関心をもち、**目標に少しでも近づけたか、あるいは達成できなかった場合は、その原因は体調にあるのか、環境にあるのか**を考えて記録し、**新たなプランへつなげます**。中には何を書いていいかわからない、何も書くことがないという介護職がいますが、利用者の一日の様子を思い浮かべ、印象に残った場面を切り取って考えるといいでしょう。

たとえば、ふだん食事を残さないBさんが食事を残したとき、「起床が遅くなり朝食も遅くなったため昼食を半分残した」と記録し、起床が遅かった

介護記録の種類1

◆介護サービス計画書（ケアプラン）
長期目標・短期目標、具体的な援助内容、週間サービス計画など、利用者のアセスメントをもとにケアマネジャーが作成し、利用者の同意のもと、実施される。

◆フェイスシート
利用者の家族構成、生活歴、病歴、趣味、近隣情報、医療機関、緊急連絡先などが書かれている基本台帳。介護職は利用者のこれまでの生活を理解し、支援を展開していく。

◆介護記録（ケース記録）
利用者一人ひとりの日中・夜間の様子や、介護職の気づき、目標に向かってできたことを、時間を追って記録する。できなかったことはその原因や新たなニーズの発見につながる。

●書式例：フェイスシート

<table>
<tr><td colspan="2"></td><td colspan="4">フェイスシート</td></tr>
<tr><td colspan="2"></td><td colspan="4" style="text-align:right">作成年月日：　　年　　月　　日</td></tr>
<tr><td colspan="2">氏　名</td><td colspan="4">（男・女）</td></tr>
<tr><td colspan="2">生年月日</td><td colspan="4">　　年　　月　　日　　　歳</td></tr>
<tr><td colspan="2">住所</td><td colspan="4"></td></tr>
<tr><td colspan="2">連絡先</td><td colspan="4"></td></tr>
<tr><td colspan="2">介護保険</td><td colspan="4">被保険者番号　　　　　　　　　要介護度　支援1・2　介護1・2・3・4・5
有効期間　　　年　　月　　日　～　　年　　月　　日</td></tr>
<tr><td colspan="2">医療保険</td><td colspan="4">被保険者番号
有効期間　　　年　　月　　日　～　　年　　月　　日</td></tr>
<tr><td colspan="2">公費負担医療</td><td colspan="4">公費負担者番号　　　　　　　　　公費受給者番号
有効期間　　　年　　月　　日　～　　年　　月　　日</td></tr>
<tr><td colspan="2">障害者手帳</td><td colspan="4">身体（　　　　）　　精神（　　　　　　）　　知的（　　　　　　　）</td></tr>
<tr><td rowspan="6">緊急連絡先</td><td colspan="5">氏名1　　　　　　　　続柄　　　　　連絡先</td></tr>
<tr><td colspan="5">氏名2　　　　　　　　続柄　　　　　連絡先</td></tr>
<tr><td colspan="5">氏名3　　　　　　　　続柄　　　　　連絡先</td></tr>
<tr><td colspan="5">医療機関1　　　　科目　　　　主治医　　　　　　連絡先</td></tr>
<tr><td colspan="5">医療機関2　　　　科目　　　　主治医　　　　　　連絡先</td></tr>
<tr><td colspan="5">ケアマネジャー／ケースワーカー</td></tr>
<tr><td colspan="2">既往歴</td><td></td><td>服薬</td><td colspan="2"></td></tr>
<tr><td colspan="2">家族構成</td><td></td><td>生活歴</td><td colspan="2"></td></tr>
<tr><td colspan="2">健康状態</td><td colspan="4"></td></tr>
<tr><td colspan="2">介護状況</td><td colspan="4"></td></tr>
<tr><td colspan="2">備考</td><td colspan="4"></td></tr>
</table>

【基本的な記録の書き方】

理由を夜勤者が「0：00居室が蒸し暑く眠れない様子で何度も寝返りを打っていた。エアコンを除湿にした」と記録していれば日中の様子もうなずけ、**利用者の様子が一連の流れとなって伝わってきます。**

原則として、活動記録はそれぞれ担当の介護職が書きますが、看護師や生活相談員がペンの色を変えて書く施設や事業所もあります。

④業務日誌、連絡ノート

業務日誌には、施設や事業所で一日に起こったことを記録します。施設・事業所ごとに書式が異なりますが、内容は在籍人数、入所・退所者、入院・退院者、来訪者、外泊者、ショートステイ利用者、イベント参加人数・内容、特記事項などを記入します。介護職間での連絡事項用に専用ノートをつくっている施設・事業所もあります。

介護記録の種類2

◆業務日誌、連絡ノート
施設や訪問介護事業所では介護職同士や他職種との連絡事項用。デイサービスやショートステイは家族と介護職との連絡用。伝達漏れの防止や信頼関係構築のための重要な役割を果たす。

◆事故、ヒヤリ・ハット報告書
事故が再び起こらないようにするために、時刻、事故内容、対応、対策などを図入りで記録する。事故寸前で回避できたものはヒヤリ・ハット報告書に書き、連携して事故を未然に防ぐ。

◆チェックシート
起床・就寝時刻、食事量、排泄回数・内容、バイタル、服薬などの記録項目が一枚の表になっていて毎日記録するものと、身体の向きを時間ごとに変えたりなど利用者対象のものがある。

第1章　介護記録の種類と記録に適する文体

訪問介護やデイサービス、ショートステイでは、家族と介護職との間で使う連絡ノートが重要な役割を果たします。家族からの要望、サービス終了後の家での利用者の様子などが書かれ、介護職側からは要望に対する返答や連絡事項などを書きます。

⑤事故、ヒヤリ・ハット報告書

事故に遭遇した介護職が書きます。事故寸前で回避できたものはヒヤリ・ハット報告書に書きますが、施設や事業所ごとにどこからが事故なのか、取り決めておくとよいでしょう。

同じことが再び起こらないように、**時刻、状況、原因、今後の対策**を細かく、図入りで記録します。家族へ連絡した時刻と内容も書いておきます。

⑥チェックシート

毎日、起床・就寝時刻、食事の量、排泄の回数・内容、利用者によっては時間ごとのバイタルサイン（血圧・脈拍・体温）などを、時刻や数値で記録し、服薬や口腔ケアもチェックします。

水分摂取に関しては、制限がある利用者、不足している利用者についてチェックし、一日の合計を記録します。入浴は予定日に入った場合は○をつけ、入浴不可で清拭やシャワーで対応した場合や拒否の場合はその旨を書いて、様子や体調などを細かく記録します。体重は1か月ごとに測定し、急激な増減があるときは医療関係者に連絡します（P.46参照）。

これらのチェックシートは、1枚の

● **書式例：居宅サービス計画書（厚生労働省通知）**

【基本的な記録の書き方】

表にほとんどの項目が収められていますが、水分摂取や排尿チェック、身体の向きの交換などは別の用紙で、時間を追って記録するものもあります。

チェックシートはただ記録するだけではなく、**介護職同士や医療関係者と情報を共有し、原因や対策を話し合ってADL（日常生活動作）やQOL（生活の質）の向上に活かしていくことに意味があります**（P.47参照）。

> 文体に気を配り
> 統一感のある記録を作成

①**叙述体**　順序を追って、時系列で経過がわかるように書いていきます。

②**常体**　基本は丁寧語である敬体ではなく、常体で記録します。
・常体……だ・である体
・敬体……です・ます体、ございます体（最敬体）

③**過去形**　記録は、利用者のケアの落ち着いたところで書く場合は過去形の常体、つまり「であった」「〜した」と書きます。ただし、そのつど記録をしたり、状況が継続している場合などは、現在形で書きます。たとえば「13：00　Cさんに看護師の指示で腰に湿布を貼り、様子を観察する」というように記述します。

ここに叙述体の記録の重要性があります。記録を読んだ介護職は、＜Cさんの腰の痛みはいつ頃から出ていたのだろうか＞と記録をさかのぼって確認します。申し送りでは何も言われなくても、前日「腰をかがめて歩いていた」と記録されていれば、＜持病の腰痛が少し悪化したのかもしれない＞とCさんの様子を観察して、痛みが和らぐようゆっくりと入浴してもらい、その後「入浴後は痛みの訴えもなく、よく眠れたと言っていた」と記録に残します。その記録を読んだ別の介護職に、＜痛みの訴えがなくても、腰をかがめて歩いているときには早めに入浴を勧めてみる＞という気づきをもたらします。

ダラダラと主旨のはっきりしない長い文章を書くのではなく、**ポイントを絞ってまとまりのある記録を書く**よう心がけましょう。

第1章　介護記録の種類と記録に適する文体

45

●記入例：チェックシート

チェックシート

20××年 10月8日

利用者名　沖山シゲヲ　様

バイタルチェック	時間	体温（℃）	血圧	脈
	9：00	36.8	142／87	62
	16：00	37.2	155／83	71
	：		／	

食事		朝	昼	夕	（間食）
	主／副	8／6	6／6	3／2	6

服薬	前／後	－／○	－／○	○／○	（眠前）－
	点眼・湿布	○・－	－・－	○・－	－・－

排泄・水分量	時間	排尿	排便	水分摂取量(cc)
	0：00	P╫		80
	2：00			
	4：00	PT＋	軟・少	
	6：00			
	8：00	PR ╫╫		380
	10：00			
	12：00			160
	14：00	P＋		
	16：00			200
	18：00			380
	20：00	T ╫╫	普・中	
	22：00	PT ╫		
	計	6 回	2 回　最終便 10/8	1,200　cc

O：オムツ　　P：パット　　R：リハパン　　PT：ポータブルトイレ　　T：トイレ
＋少量　　　╫中量　　　╫╫多量

入浴	☑全身浴　　□シャワー　　□部分浴　　□清拭
備考	

【基本的な記録の書き方】

●記入例：連絡シート

第1章　介護記録の種類と記録に適する文体

連絡シート

20××年　10月8日

ケアプランセンター
△△ケアマネジャー　様

〒181-0013
東京都三鷹市下連雀3-28-23
三鷹センター316号

NPO　グレースケア

担当　○○　○○
TEL.0422-70-2805
FAX.0422-24-8307

いつもありがとうございます。
下記についてよろしくご査収くださいますようお願いします。

白○　順○　様　の件

☐ 至急！　　☑ ご報告　　☐ ご相談

[　ご返信　お願いします　(不要です)　]

日付	担当医	連絡事項
7/2（火） 09：00～10：30	○○クリニック 東郷Dr.	・下痢と食欲不振に対して、「ツムラ41番 補中益気湯」を追加で処方。食欲が出る作用のある漢方とのこと。
7/3（水） 08：30～12：00	○○病院 神経内科 井上Dr.	・体調不良からパーキンソン症状強く、身体機能が全体的に低下。 ・体調がよくなれば、改善見込まれる。経過をみる。 ・処方は継続。
	糖尿病内科 楠Dr.	・血液検査、カリウムの数値などから栄養状態の悪化がみられる。 ・急性胃腸炎（シックデイ）により、体調が不安定で血糖コントロールも難しいため、入院治療となる。 ・レントゲン、心電図をとり、腸の機質的な原因がないか等を検査。 ・インスリンを一度減らし、食事量などの回復に合わせて投与量を調整する。 ・かかとの褥瘡のあとの痛みなどの訴えもあり、入院時に医師に相談していく。 ・薬は院内処方で対応。

＜担当者より＞
・昼間一人で大変なら、施設への入所などは、息子さんはどう考えているのかなぁ？と楠Dr.が言われていました。ご本人は入院後「しばらくは病院の方がいいのかしら」とお悩みでした。以前もう少し元気な時には「今度入院したらもう帰れないから、入院はしたくない」と言われていたので、やや気弱になっておいでです。

以上、ご報告します。どうぞよろしくお願いいたします。

47

明快な記録を書くための文章の基本と書き方

誰が、いつ、どこで、何を、どうして、どのようにしたかを基本に、誰が読んでもわかる記録を書きます。主語を明確にして、メモした時刻や状況を整理しながら、簡潔で明快な文章を組み立てていきます。

5W1Hを念頭に明快な記録を心がける

メモで得た情報は、5W1Hを基本に文章へと組み立てていきます。
- Who　　（誰が）
- When　　（いつ）
- Where　（どこで）
- What　　（何を）
- Why　　（どうして）
- How　　（どのようにした）

単に「入浴した」「レクに参加した」だけでは、利用者の様子や周囲の状況が何も伝わってきません。

利用者個人ごとの活動（ケース）記録では、主語を省略する場合もありますが、「お風呂が沸いたので入浴を勧めると、Dさんは『今日は入りたくない』と言った」と書いたほうが、読んだ人はDさんの言葉として受け止めます。いつも風呂好きなのに介護職は＜どうして＞と思うはずです。そこで、「理由を聞いてみると、『何だか頭が痛くて』と言ったので、バイタルには問題なかったが、無理に勧めずに様子を見ることにする」と書くと、次に記録を読んだ介護職は、「Dさんは頭が痛い」という情報を頭に入れて支援していきます。

修飾語を活用してその場の雰囲気を伝える

Yさんは何のレクリエーションに参

【基本的な記録の書き方】

加したのか、様子はどうだったのかといった内容を書く際、修飾語を加えることにより、その場の情景がより鮮明に浮かび上がってきます。「童謡のレクリエーションに参加し、笑顔で大きな声で歌っていた」と書かれていれば、その場の雰囲気が伝わってきます。**「どのようにした」という表現の前に、利用者の様子が浮かぶ修飾語を加える**とよいでしょう。

利用者の訴え、発言を記録する

利用者から頭痛がすると訴えがあった場合、**利用者の言葉をそのまま記録する**のが原則です。「苦しそうだった」とか「痛そうだった」といった介護職の主観ではなく、「頭ががんがんすると言ってソファーに倒れ込むように座った」と利用者の言葉を書きます。

言葉で表現することが難しい利用者や、言葉の繰り返しが多く不明確な表現の利用者の場合は、介護職が質問しながら要約して記録します。たとえば「入浴のとき右肩にあざがあったので、さわって痛いか聞くと顔をしかめて痛いと言った。腫れもあったので、すぐに看護師に連絡した」と書きます。

利用者の発言に気を配り、様子や時刻とともにメモをし、記録に活かしましょう。

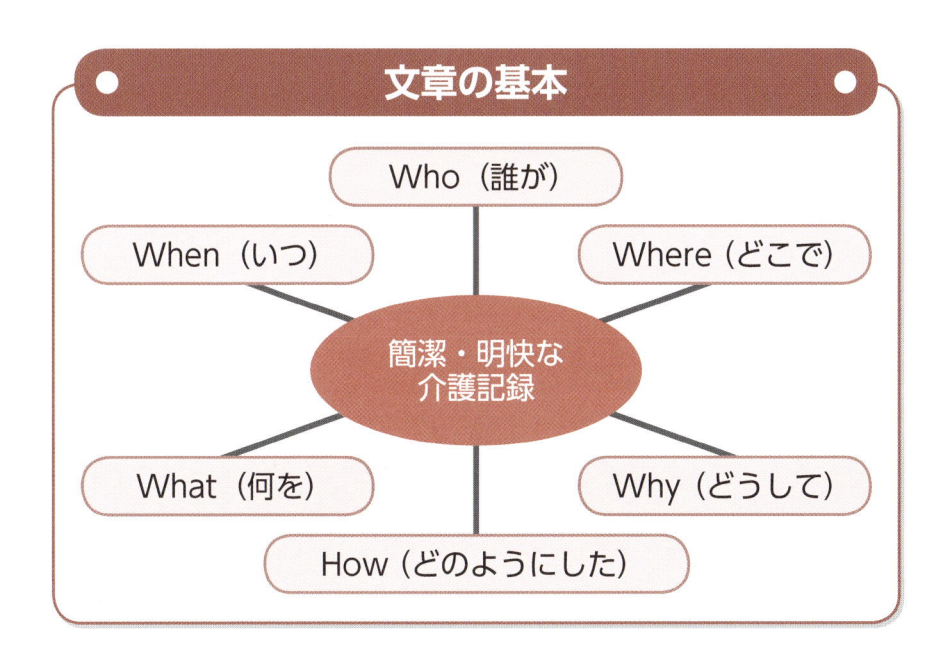

第1章　明快な記録を書くための文章の基本と書き方

文章の基本

- Who（誰が）
- When（いつ）
- Where（どこで）
- What（何を）
- Why（どうして）
- How（どのようにした）

→ 簡潔・明快な介護記録

49

時刻、場所、数値、情報源を明確に書く

あいまいな介護記録からは必要とされる情報が伝わってきません。介護保険の制度上、開示を要し、家族も見ることができる記録は、何より正確さが求められます。時刻、場所、数値・量、情報源を明確に書くようにしましょう。

年月日・時刻は表記の統一を

年号は西暦と和暦のいずれで書くのか、日付は「〇月×日」と書くのか「〇／×」と書くのかなど、**施設や事業所でルールを統一**しておきます。

時刻は24時間表記で正確に記録し、「'」「°」などは使用せずに、「：（コロン）」（国際標準化機構の日付形式）を使用するよう統一します。なお24：00とは表記せず、一日は0：00〜23：59とします。

起床時、昼食時、夕食後などの表記にも、正確な時刻を併せて記録するようにしましょう。

場所を記す際は正確かつ具体的に

「食堂で」といった大まかな表記ではなく、「食堂のいすに座っていて」と正確かつ具体的に書きます。

「右下肢に腫れが見られた」という記録では、右下肢全体なのか、一部分なのかわかりません。このような場合は、「右膝下に発赤が見られ腫れていた」と部位や場所も正確に書きます。

数値・量は大まかな書き方をしない

「朝食をだいたい食べた」「牛乳を半分飲んだ」という表現では器やカップ

【基本的な記録の書き方】

第1章 時刻、場所、数値、情報源を明確に書く

の大小によって量が違うのであいまいです。食事量は1/5〜5/5（全量）を目安にし、水分はあらかじめカップの量を測っておき「○○cc」で記録します。そのほかにも、体温は「36.3℃」、腫れやあざの範囲は「○×○cm」、傷の程度は「浅い」「深い」などと書きます。

記録者以外の人が読んでも、量や範囲、状態がわかることが大切です。

情報源を明確にし推測での記録は避ける

「利用者が『廊下で誰か転んでいる』と言ってきたので、急いで行くとKさんが転んでいた」という表現では、第一発見者が誰なのかわかりません。そもそも、報告を受けた介護職はKさんが転んだ場面を見ていないので、「Yさんが『廊下で誰か転んでいる』と言ってきたので、急いで行くとKさんが右側臥位に横たわっていた」と推測をまじえず、正確に書きます。

「看護師の指示で湿布した」「Oさんの夫がデイサービスのことを知りたいと言ったので、ケアマネジャーに連絡した」というように**情報源を明確にしておくと、その記録自体が正確な情報源となります**。

年月日、時刻表記の悪い例・良い例

✕ 悪い例		○ 良い例
3.15	→	3月15日（月）、3/15（月）
9'50°	→	9：50
3：10p.m.	→	15：10
24：00	→	0：00
夕食後に	→	19：15 夕食後に

51

客観的な事実をとらえたまま書く

介護職の推測や主観で書いた記録は、時として大きな誤解に発展することがあります。事実を客観的に書くことに加え、なぜそうしたのかという介護職の主観的事実を、単なる個人の思いではなく、専門職の立場として書いていきます。

利用者自身の言葉、事実を具体的に書く

「一人で寂しそうだった」「周りの人と楽しそうに笑っていた」と介護職が感じても、利用者自身は一人でいるのが好きかもしれませんし、周りの人に合わせて笑っているだけなのかもしれません。

介護職が感じたことではなく、利用者の言葉を入れて事実を書いていきます。たとえば、在宅の場合は「昼食をつくり、テーブルに配膳して帰ろうとすると、Hさんは『一人で食べてもおいしくなくって』と言った」と記録に書いてあれば、一人暮らしの寂しさが文面から伝わってきます。施設なら「リビングでテレビを見ながらYさんがSさんと一緒に笑っていた。後でYさんに聞くと『あの番組はいつも見ていたのよ』と言っていた」と記録すると、Yさんの様子や好きなテレビ番組の情報が伝わってきます。

施設でいさかいがあった場合も、「暴力行為や暴言があった」という記録ではなく、「Kさんが急にT職員に殴りかかった。S職員が間に入ると、『バカヤロー』と言って手を振りおろした」と具体的に記録します。その前にT職員が誤ってKさんの足を踏んでしまったという記録があれば、暴力の原因の見当をつけられます。

「偏見や差別的な発言」「下品な言葉」などは、脚色をせずに言葉通りに

【基本的な記録の書き方】

第1章 客観的な事実をとらえたまま書く

記録すると利用者自身の思いが伝わります

「いつも静かなYさんが『女は黙っていろ！』と大声で言ったことに驚いた」と、介護職の気持ちを主観的な表現で記録することもあります。

時には主観的事実もまじえ生きいきとした記録を

＜一人で食べてもおいしくない＞と言ったHさんに、「『お昼を仲間と食べる食事サークルに参加してみますか？』と伝えると、『ぜひ参加してみたいわ』と声が明るくなった」と記録にある場合、＜明るくなった＞と感じたのは介護職自身ですが、利用者の気持ちの変化が読み取れます。

利用者の言葉に裏づけられた表現は伝わりやすい面があります。『**事実（言ったこと、やったこと、表情、態度）＋介護職の感じたこと（主観的事実）**』を書くことにより、生き生きとした記録になります。「痛そうだった」は介護職の主観ですが、「顔をしかめて痛そうにしていた」と書くことで、記録から利用者の痛みが伝わります。

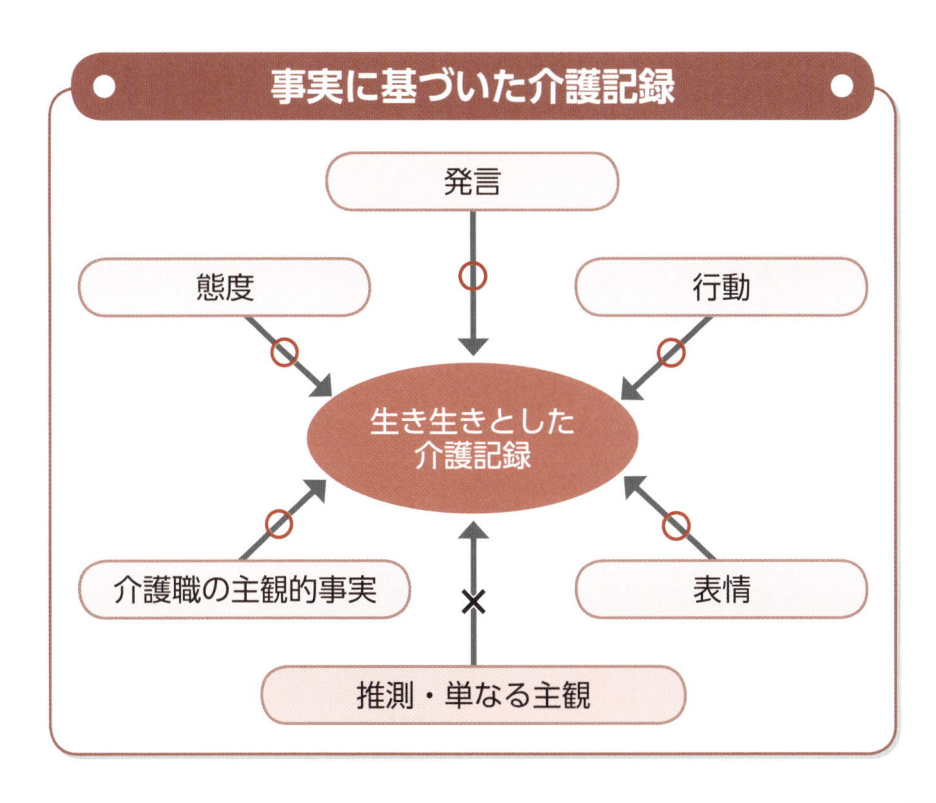

事実に基づいた介護記録

発言 → 生き生きとした介護記録 ○
態度 → 生き生きとした介護記録 ○
行動 → 生き生きとした介護記録 ○
介護職の主観的事実 → 生き生きとした介護記録 ○
表情 → 生き生きとした介護記録 ○
推測・単なる主観 → 生き生きとした介護記録 ×

利用者やその家族などに読まれる介護記録

記録は介護職同士の連絡や他職種との連携のためだけにあるのではありません。家族や利用者自身が記録を読んだとき、専門用語や略語ばかりでは内容を理解できません。誰が読んでもわかる記録を書くように努めましょう。

記録の簡略化のためよく使われる略語

活動記録、業務日誌、チェック表などは毎日記録することが多く、ある程度の簡略化のため、以下の略語は施設や在宅で使用されています。

バイタル	体温・血圧・脈拍
BP	血圧
PRまたはP	脈拍数
BTまたはKT	体温
Dr.	医師
Ns.	看護師
PT	理学療法士
CM	ケアマネジャー
PEG	胃ろう
IVH	中心静脈栄養
訪室	職員が利用者の居室に行くこと
自走	車いすを自力で動かす

など

ただし、介助を行った際の記述は「排泄介助をした」ではなく、「トイレでズボンの上げ下ろしを手伝った」などと具体的に記録します。

思いやりのある記録がより良い介護を生み出す

利用者自身や家族の気持ちを思いやることも重要です。暴力行為や暴言に対しては事実をそのまま書き、行為に至った原因や背景を考え、その後の介護職の思いやりのある対応が書かれて

【基本的な記録の書き方】

いれば、家族は納得するでしょう。かわいそう、気の毒といった主観的な表現や差別的な用語は慎みます。利用者の良いところを観察し、**できなかったことではなく、できたことに目を向けて記録していく力を養いましょう。**

　誰が読んでもわかりやすく、場面を思い描くことができ、利用者を思いやる表現に満ちた記録は、それを読んだ介護職に引き継がれて、より良い介護を生み出していきます。

訂正する場合は二重線を引き、記録者の印またはサインをして訂正します。

気をつけたい専門用語例

- 水分補給を行う
  → お茶を飲む
- 徘徊する
  → 家に帰ると訴え出口を探す
- 介護拒否あり
  → 排泄に誘うも嫌がられる
- 食事摂取
  → 食事を摂る
- サクション施行
  → 吸引する
- 主
  → 本人

誤りを訂正する場合は二重線でサインをする

　介護記録は法的根拠となるので改ざんは許されません。一度書いた記録を

略語使用の悪い例・良い例

✕ 悪い例	○ 良い例
PTで排便が見られた	ポータブルトイレ（またはPトイレ）で排便があった
ADLの低下	杖での歩行が難しくなり、車いすで出かけた
右に**体交**した	身体の向きを右にした
食介した	介助で食べた

言葉で表しにくい利用者・記録の場合

認知症やターミナル期の利用者が、自分の思いを言葉で表現できない場合、顔の表情や身体全体から発せられる思いを介護職は読み取り記録します。事故、ヒヤリ・ハット報告書やレクリエーションの記録は、図や写真を活用します。

行動パターンや仕草から気持ちをくみ取る

　認知症の利用者への対応は、はじめのうちは推測でも、記録を積み重ねて情報を共有することで、徐々に行動パターンをくみ取れるようになります。しかし体調や感情はつかみにくく、**表情や顔色などの観察が重要**となり、「10：00　食堂のいすに座っていたAさんを見ると真っ赤な顔をして息づかいが荒かったので検温した。38℃あったので看護師に連絡した」のように記録します。

　ターミナル期で寝たきり、安静介護の利用者の場合は、ちょっとしたしぐさから気持ちをくみ取り、「0：00　おむつ交換に行くと眠れないようで、手を握って少し話をした。退室するとき手をかすかに振って、微笑んでいた」のように記録します。

　利用者の不安に寄り添う介護記録の好例です。

文字だけに頼らず図や写真を使う

　事故やヒヤリ・ハット報告書の場合、詳細を伝えるには図を書きます。利用者の倒れていた場所の見取り図を描き、まわりに障害物があれば書き込み、身体の向きを図で表します。

　また、バイタルや体重の変動をグラフにするとケースカンファレンスの資

【基本的な記録の書き方】

料になります。ケガや肌のトラブルを記録する場合は図で説明し、血尿や褥瘡などは**写真を撮って記録に貼ると、状況を共有しやすいでしょう。**

家族とのコミュニケーションを図るために、月便りに写真を添えて出している施設もありますが、デイサービスやショートステイの連絡ノートにも写真を活用すると喜ばれます。

また、個人の記録以外には、施設での特別な行事には内容・予算などを書いた企画書があり、会場見取り図やバスの座席順などを書いて細かく準備する必要があります。行事終了後には報告書に利用者・家族の感想、職員の反

省点のほかに写真を添付すると雰囲気が伝わってきます。

> ### 認知症高齢者のかすかなサインを見逃さない
>
> 認知症高齢者のよくあるサイン
> ・もぞもぞと腰が落ち着かない
> 　→尿意がある、失禁している
> ・いつもより受け答えが鈍い
> 　→脱水気味である
> ・食事がなかなか進まない
> 　→義歯忘れ、義歯が合わない
> ・赤い顔をしている→熱がある

第1章　言葉で表しにくい利用者・記録の場合

● 書式例：図を用いる事故／ヒヤリ・ハット報告書の例

事故／ヒヤリ・ハット報告書

報告年月日：　年　月　日

氏　名	（男・女）　歳
日　時	年　月　日　午前・午後　時　分頃
場　所	居室　フロア　トイレ　浴室　廊下　その他
身体状況	
事故の経過	

コラム
● column ●

3ステップで記録の力をアップ！
利用者への思いをカタチに

　モノを書いたり、デスクワークが嫌いで、身体を動かす健康的な介護職を選んだのに、また記録だなんて……。忙しい中、記録を書く時間があったら、もっと利用者と関わっていたい。そんなふうに思っている人もいるのではないでしょうか。記録のもつ意味を知り、書く力を上げる方法を3つのステップに分けて考えてみましょう。

　「5W1H」に従い「客観的事実」をわかりやすい「文体」で書く。第1章ではそんな基本を学びました。でも、いきなりすべてを習得しようとあせる必要はありません。「この人の記録はわかりやすいな」と思う先輩や同僚の書き方を見て、マネをしてみることから始めましょう。ルーティンで行われている仕事の記録は、だいたい書き方も決まってしまうので慣れるのはそれほど難しくないでしょう。これが第1のステップです。

　一方で、介護の仕事は同じことを同じようにすればよいわけではありません。ちょっとした体調の変化をよく観察して押さえること、自立支援の工夫を試みて経過を追うこと、認知症の行動障害の原因を探り取り除くことなど、常に異なるケースに向き合うことになります。記録の次のステップは、それらの変化をとらえ、わかりやすく記述することです。利用者に誠実な関心をもち、ケアの質を上げていこうと思えば、おのずと書くことは苦痛ではなくなるはずです。

　最後のステップは、自分の思いや気持ちを記録を通して伝えることです。ただ感想を書くのではなく、利用者との関わりで発見したエピソードを生きいきと写し出すことで、それを読んだ同僚や他職種の人たちも新たな発見や感動を追体験することができ、自分と同じ視点を共有してもらうことができます。やがて、一人で忙しく利用者に関わるよりも、記録を通じて皆で利用者に関わったほうが何倍も効果的であることがわかるでしょう。

第2章
事例ごとの介護記録の書き方とポイント

施設と在宅両方の場面での各ケアの記録の書き方を、観察から記録までの流れとともに掲載しています。また、「良くない記録の例」をどう改善したら「良い記録の例」にできるのか具体的に解説しています。

施設での記録の考え方とポイント

施設の特徴は昼夜を通して利用者に関われることです。トータルでの生活を念頭に置きながら、多職種のチームでケアに取り組むことができ、介護記録も原因を探り工夫を繰り返し共有することで、次につなげる役割をもちます。

できることや好まれること、利用者の強みに注目する

施設での記録は、生活全般をトータルに観察・支援し、その結果を切れ目なく書き継いでいくことが特徴です。

排泄ケアでは、夜間を含めた関わりが可能となるため、おむつからパッド利用に変え、随時の誘導で失禁を減らし、排便コントロールで便秘を避けるなど、自立に向けた試みを行いやすい点が挙げられます。その際、利用者のできることを見極め、関わり方によってどのように変化していくかを把握するため、記録は大変重要になります。

また、認知症の方の場合、どのような対応が効果的か、夜間眠れないならば、日中の生活はどうすればよいのかなど、生活全般を見通しながら工夫を重ね、好まれる話題や手作業などを見つけて記録することになります。

そのためには、利用者一人ひとりのできることや好まれることを積極的に探していく視点が求められます。

```
◁◁◁◁ 記録
  切れ目のない観察
      ▼
  生活全般を見通しながら
  ケアを工夫できる
```

多職種のチームで取り組み、情報の共有に努める

施設での記録の大きな特徴として、多くのスタッフが関わり、互いに連携するという点も見逃せません。施設にはスタッフのほか、看護師やリハビリ職、管理栄養士、相談員などがおり、医師が定期的に来ることもあります。

【事例ごとの介護記録の書き方とポイント】

スタッフは移乗や歩行、排泄や入浴など生活場面での介助を多く担いますが、リハビリ職による評価の裏づけがあるとケアの留意点が明確になります。また、医療的ケアの場面では看護師との連携が不可欠です。

一人の利用者について深く理解し、ケアの質を上げていくためには、各職種が互いの専門性を尊重しながら、情報を密に共有し、活用することが大切です。そのために役に立つ記録の方法を学びましょう。

「その人らしい魅力を人間関係から引き出す」

施設では、数カ月から数年と、長い期間にわたって他の利用者とともに生活を送ります。看取りまで取り組む施設も増えており、おのずと利用者同士、そして利用者とスタッフの関わりは深くなります。「個性が煮詰まる」といわれる高齢者のこと、人間関係のトラブルも絶えないかもしれませんが、それぞれの自尊心を尊重し、役割をうまく調整することで、また違った力を引き出す機会をつくれるかもしれません。

そのためには、家事・生活支援の場や、行事・レクリエーションなどの楽しみの場をはじめ、利用者同士の関わりにも注目した記録が望まれます。喜怒哀楽の濃い人間模様まで描けたら、ケアも上質といえるでしょう。

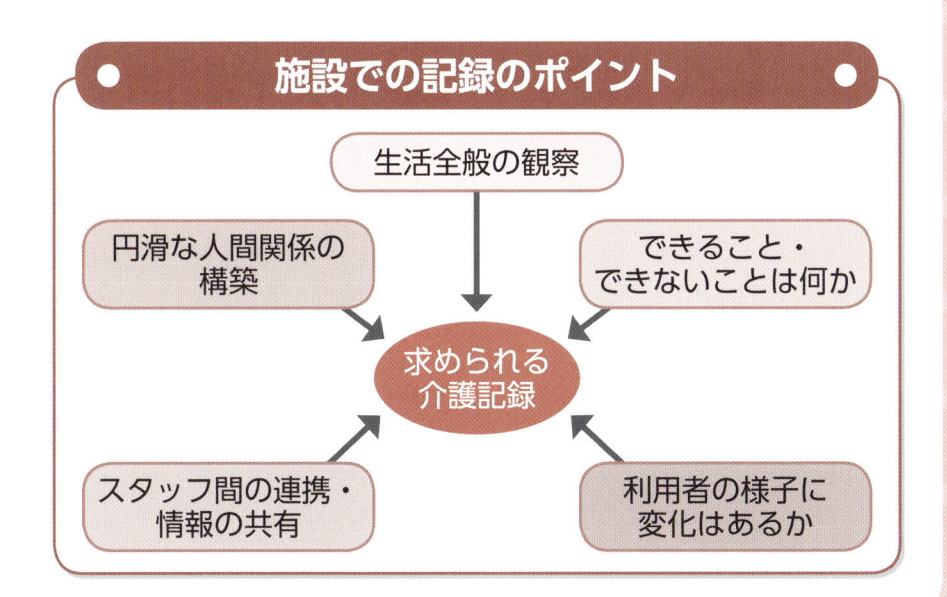

第2章 施設での記録の考え方とポイント

施設での記録のポイント

- 生活全般の観察
- 円滑な人間関係の構築
- できること・できないことは何か
- スタッフ間の連携・情報の共有
- 利用者の様子に変化はあるか

→ 求められる介護記録

施設編

1 生活支援

調理や掃除、洗濯などは、暮らしの基本です。利用者のできること・できないこと、そして試みたことを丁寧に記録しましょう。

利用者情報

◆ 世話焼きで働き者の利用者の場合

　75歳の石井フミ子さんは、学校の給食室で働きながら子どもを3人育ててきました。「手を動かしていないと落ち着かないよ」と言い、いつでもご飯の盛りつけや洗い物などを率先して行っています。

　職員が声をかけると他の利用者のお茶を入れたり、おしぼりを配ったり、洗濯物をたたんだりもします。ただし、右手に震えがあるため、うまくできないことがあります。また、気分の波があって、ついお節介をし過ぎて嫌がられたり、うまくできないのを相手のせいにして責めたりすることもあります。

生活支援 場面の観察のポイント

チェック
- 表情や様子はどうか
- 生活環境はどうか
- 他の利用者やスタッフとの関わりはどうか

チェック
- できること・できないことは何か
- 用具や道具の扱いはどうか
- ケアの内容と効果はどうか

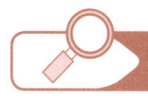

【事例ごとの介護記録の書き方とポイント】

記録のための観察とメモ

◆ 20XX年11月10日の夕方の様子

ケアの内容と効果はどうか
- 注ぐ行為については多少震えるが、声かけと見守りでできる
- 他の利用者も巻き込むことで、トラブルを防げた

チェック 表情や様子はどうか
- せかせかした様子でお茶を入れている
- こぼしてしまい、他の利用者に湯飲みの置き方が悪いと怒っている

他の人やスタッフとの関わりはどうか
- こぼして利用者がやけどをしないよう注意した
- テーブルの上を他の利用者に拭いてもらった

チェック できること・できないことは何か
- おおむね注ぐのはできており、手際よく次々入れている
- 繰り返しやっていると、手の震えが大きくなり、スタッフの補助が間に合わずに周囲にこぼしている

用具や道具の扱いはどうか
- 急須は小ぶりで持ちやすい
- テーブルの上に、湯飲み、おしぼりがセットされている

第2章 施設編 生活支援

63

Before 良くない記録の例

11月10日	記録内容
17：15	同じテーブルの利用者に、せわしなくお茶を入れている。
17：30	HMさんの湯飲みに注ぎそびれてこぼし、大声で「私ゃ悪くないよ！　あんたの置き方が悪い」とHMさんと言い争っている。
17：45	スタッフが間に入ると静かになった。

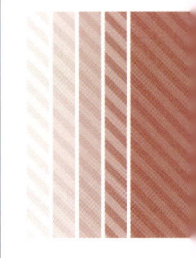

記録の意図　石井さんの様子を、特に慌ただしい点や失敗してできなかった点に注目して記録している。

改善のポイント

①できることを書く　できないこととの違いを見極める

　お茶を注ぎそびれて、こぼしたことはわかりますが、以前はどの程度うまく入れられていたのかがわかりません。また、うまくいかなかったのはなぜか、その理由も具体的に書き込むことが望まれます。お茶を入れる行為のどこまではできて、手助けが必要なのはどこか、記録から読み取れるようにします。

②詳しく書く　どのような働きかけが効果的だったか

　「スタッフが間に入る」とありますが、実際にはどのように仲介したのかを詳しく記録します。その際、石井さんに対してだけでなく、他の利用者との関わりも行っているはず。施設ではスタッフだけではなく他の利用者も含めた複数の人との関わりでケアが成り立っているので、それらの効果も書き込みます。

【事例ごとの介護記録の書き方とポイント】

After 良い記録の例

11月10日	記録内容
17：15	同じテーブルの利用者の湯飲みに手を伸ばし、せわしなくお茶を入れている。「私が入れれば安茶も上撰！」と笑っている。
17：30	だんだん右手の震えが大きくなり、★HMさんの湯飲みには注ぎそびれ、スタッフが手を添えるも間に合わずにこぼす。大声で「私ゃ悪くないよ！ あんたの置き方が悪い」とHMさんを責めている。
17：45	スタッフが間に入り、HMさんに台拭きでテーブルを拭いてもらいながら双方にお礼を言う。落ち着いて笑顔も出る。

　……改善部分

★石井さんの家族が記録を閲覧した際、第三者の個人情報に配慮するため、他の利用者の氏名はイニシャル等を使います。

できる・できないを見極める！

　食事の盛りつけをしたり洗い物をするなど、生活のさまざまな場面で利用者の力を引き出しながら一緒に行う施設が増えてきました。利用者がお茶を入れることも、多くの施設で行っていますが、熱湯の扱いやお茶道具の置き場所に苦労しているようです。記録では**できることに注目**し、そのときの本人の表情や様子とともに残します。また、一人でこなすのが難しいのはどこからか注意して見極めます。石井さんの場合は途中から手が震えてしまうことがわかるので、手を添えたり、他の利用者に頼んだりといった方法につなげます。**ちょっとしたミスからすべてできないと決めつけ、力を引き出す機会を奪わないようにしましょう。**

第2章 施設編 生活支援

施設編

2 食事

食事は生活の基本です。適切な栄養摂取の側面からの記録も大切ですが、楽しく満足度の高い食事につなげるために記録を意識しましょう。

利用者情報

◆食欲の低下が見られる利用者の場合

　92歳の横田シメさんは、朝昼夕3食の食事量にムラがあります。特に夕食の量が減っており、水分なども飲んでくれません。白内障で目が見えにくいため、スタッフがおかずの内容と位置を説明しています。箸は上手に使えますが、食事中に動きが止まるので、ときどき声をかけて食事を促し、あまり食事が進まないときには介助をすることもあります。

　義歯と歯ぐきの間の出血や口内炎もあるので、口腔ケアにも力を入れています。週に2、3回、嚥下(えんげ)がうまくできずに咳込むことがあります。

食事場面の観察のポイント

- ・適切な姿勢・動作で食事をしているか
- ・食べ物の好き嫌いはあるか
- ・嚥下はできているか
- ・食事の時間を楽しめているか
- ・食事量や水分量はどうか
- ・介助は必要か

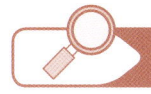

【事例ごとの介護記録の書き方とポイント】

記録のための観察とメモ

◆ 20XX年10月18日の夕方の様子

食事の時間を楽しめているか
- 食べはじめはよいが、20分くらいすると表情がなくなる
- 途中から目をつぶっている

適切な姿勢・動作で食事をしているか
- 長く座っているうちに次第にずり落ちている
- 右利きで途中まで箸を上手に使っている

第2章 施設編 食事

介助は必要か
- 言葉をかけ、食事を意識づけしている
- 身体を引き上げ、姿勢を整える
- 箸でおかずを運び、唇につけると、口を開けて食べる

嚥下はできているか
- 激しい咳込みなどはない
- 口の中に残滓が残っている

食べ物の好き嫌いはあるか
- 杏仁豆腐など甘くて軟らかいものは好き
- 脂っぽいものは嫌い

食事量・水分量はどうか
- 朝昼は6割ずつほど食べている
- 夕食は主食1/5、副食2/5
- 味噌汁は残している
- デザートの杏仁豆腐はすべて食べる

67

Before 良くない記録の例

10月18日	記録内容
18：00	夕食。はじめはよく食べているがそのうち箸が止まっている。
18：30	声かけ、一部介助。ずり落ち気味なので、姿勢を直す。好き嫌いが見られる。全体で2割くらい食べている。

記録の意図 ごく簡潔に、食事の進み具合と介助の有無、食事量について記録している。

改善のポイント

①理由を書く ▶ 食事が進まない理由は何か

どの程度食べたところで箸が止まってしまったのか。「2割くらい」とありますが、これでは様子がはっきりしません。主食・副食の何をどのくらい食べたのか、事実としての情報がもう少し欲しいところです。そのうえで、本人や環境をよく観察し、食事の進まない原因となりそうな事柄を書き加えます。

②具体的に書く ▶ どういった声かけや介助の方法が有効か

「声かけ、一部介助」だけでは、どういう状態に対して、実際にどのような働きかけを行ったのかわかりません。また、介助によってさらに食べることができたのかどうかも不明です。メモ程度の内容であれば、食事量のチェック表に書き込めば済みます。介護記録ならではのコメントを記入しましょう。

【事例ごとの介護記録の書き方とポイント】

After 良い記録の例

10月18日	記録内容
18：00	夕食。はじめはよく食べているが1/5食べ20分ほどで箸を置き、目をつぶっている。口の中に食べ物が残っている。むせ込みなし。
18：30	声をかけ促すと少量は自力で食べるがすぐ止まる。ずり落ち気味なので身体を引き上げクッションを入れ姿勢を保持。一部介助し唇に食べ物を当てると口を開き food べる。きんぴらは顔をしかめて食べず、杏仁豆腐は介助で完食。★主食1/5、副食2/5。

■……改善部分

★「主食2割、副食4割」など、量の表記は施設によって異なります。食事チェック表に書き込み、介護記録には書かない場合もあります。

毎日の記録から有効なケアを

　高齢になるに従い、食事量はおのずと減っていきます。自然の過程であれば無理に介助をして食べさせることはないでしょう。ただ、横田さんのように、**何らかの原因が想定される場合、その原因を探りながら、食べてもらうためのさまざまな工夫も記述が必要**です。食べるときの姿勢、義歯の噛み合わせ、飲み込みや口の中の様子、食べ物のメニュー、形状、介助の仕方などの記録を続けることによって、食事量を一定程度確保するすべが見つかります。

　また、食事前後の調理・盛りつけへの参加や嚥下体操、口腔ケア、意欲を引き出すコミュニケーションなどが有効かもしれません。場合によっては看護師や歯科医につなげますが、そのためにも日々の記録は重要です。

第2章 施設編　食事

3 施設編 排泄

排泄は利用者の尊厳を守る大切なケアです。排泄チェック表などと組み合わせてリズムをつかみ、記録をケアに役立てましょう。

利用者情報

◆ 便秘がちだが薬で下痢をする利用者の場合

栗山きぬ代さんは、高等女学校を出たのが自慢の88歳。歩行には杖を使っています。移動に時間がかかるため、尿意・便意に気づいてからトイレに行っても間に合わず、失敗することが増えています。

便秘がちで7〜10日くらい便が出ないことがあり、便秘薬を定期的に飲んでいるほか、やや強い下剤を頓服することもあります。寝る前に飲む下剤の量によっては、翌日の早朝に多量の便失禁をすることがあり、栗山さんはそのたびに「くそたれ婆さんになってもうた」と悲しい顔をします。

排泄場面の観察のポイント

- チェック ・便の形状や量はどうか
- ・失禁はしていないか
- チェック ・ケアの内容と効果はどうか
- ・表情や様子はどうか
- ・排泄パターンはどうか
- ・危険はないか

【事例ごとの介護記録の書き方とポイント】

記録のための観察とメモ

◆ 20XX年6月12日の朝の様子

表情や様子はどうか
・恥ずかしくすまない表情

排泄パターンはどうか
・便秘が4日目に入ったため、下剤を投与
・前日20時に飲み、朝6時に失禁があった

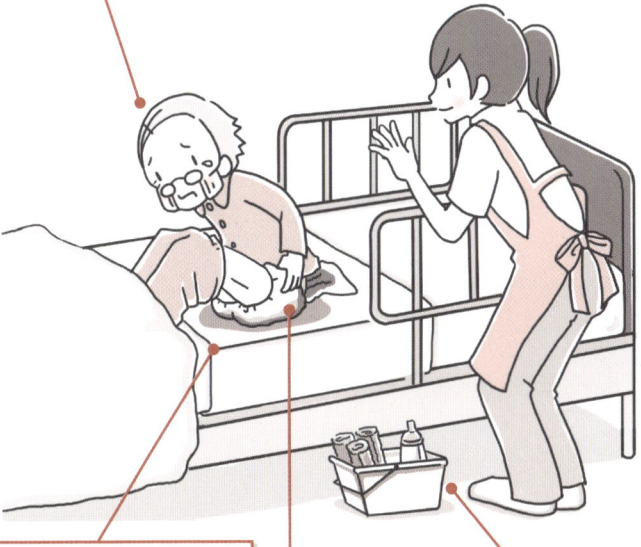

チェック　便の形状や量はどうか
・下痢便、多量
・臭いはきつい
・未消化便ではない。血液なども混じっていない

失禁はしていないか
・下剤を飲んだ夜は大きめのパッドを着用していたが、パッドに収まらずベッド上に漏れてしまう
・トイレに間に合わず失禁してしまう

チェック　ケアの内容と効果はどうか
・ベッド上で清拭と陰部洗浄を行った
・その後トイレに誘導し、再度便が出た
・居室で落ち込んでおり、声をかけて朝食へ誘った

第2章　施設編　排泄

71

Before 良くない記録の例

6月12日	記録内容
6：00	居室に行くと便臭あり、便失禁している。大パッドから漏れ、シーツまで汚染。清拭し交換する。
6：20	トイレ誘導し、トイレでも排便あった。その後声かけ、洗面を済ます。
7：20	居室におり朝食の声をかけても無視される。繰り返し声をかけてやっとフロアへ出てくる。

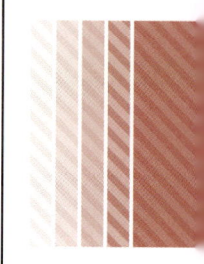

記録の意図 栗山さんが便失禁した状況を簡単に記録している。排泄後は居室にいて、なかなか出てこなかったことを伝えている。

改善のポイント

①表情や様子を書く　本人の自尊心が守られているか想像を

便については形状や量を詳しく書きます。また、失禁があったことはわかりますが、まるで居室では便だけを見ているかのようです。栗山さんはどうしていたのか、眠っていたのか、起きて自力で何とかしようとしていたのか、そこを観察するだけで、その後の関わり方が異なってくるはずです。

②一連の流れで書く　排泄に行く前から後までを追う

トイレに行く声かけから、その後の様子までは、ひとつながりのケアになっています。声かけに「無視される」との記述はスタッフの業務目線で栗山さんの心情への想像力に欠け、不適当です。「介護拒否」「不穏」なども施設ではよく使われる用語ですが、注意したいものです。

【事例ごとの介護記録の書き方とポイント】

After 良い記録の例

6月12日	記録内容
6：00	ベッド上でリハパンを脱ごうとしている。便失禁あり（★水様便・多量）。大パッドから漏れ、シーツまで汚染。清拭し交換。「汚くてごめんね」と言うので、下剤が効き過ぎましたねと話す。
6：20	トイレへ行き、再度排便あり（★軟便・少量）。洗面所で洗顔する。
7：20	居室におり朝食の声をかけるも、「くそたれ婆さんになってもうた」と呟き動かない。「朝から運をわけてもらいましたよ」と言うとやっと笑ってフロアへ移動する。

　……改善部分

★形状は、硬便、普通便、軟便、水様便など施設で決められた表現から選びます。コロコロ、バナナ大、ソーセージ大、こぶし大、親指大など大きさを示す表現も使います。多〜少量の目安はスタッフ間で統一しましょう。別冊P.32の「状態・様子の表現」を参照してください。

第2章 施設編 排泄

便意・尿意と自尊心をチームで守ろう！

　排泄はとてもデリケートなケアで、利用者の尊厳に関わります。スタッフは大勢のおむつやパッド交換を繰り返し、失禁にも慣れてしまうので、つい忘れがちですが、人によってはとても心を痛めていることがあります。
　便の形状や量などはもちろん大事ですが、さらに**本人の自尊心に関わるケアを行い、その内容を書くことが肝心**です。それがわかると、便秘や下痢を避けるための食事や運動、服薬管理、排便パターンなどと関連づけて考えることができ、介護の質の向上につながっていきます。

施設編 4

入浴

入浴は全身の状態をよく観察するチャンスです。また、一連のプロセスで利用者の身体機能を見極めることもできます。

利用者情報

◆ 入浴を拒みながらも入ると長湯の利用者の場合

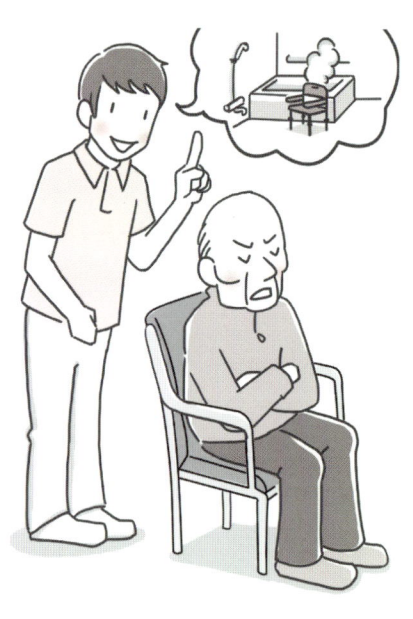

水澤勝男さんは入浴が嫌いな84歳、元家具職人です。スタッフが誘っても、嫌なときは頑として腰を上げません。言葉かけを工夫しながらやっと脱衣所に行き、できることはやってもらいながら衣服を脱ぎ、浴室へ入ります。すぐ湯船に入りたがるのを抑え、水澤さん自身に手を動かしてもらいながら、洗髪・洗身を行い、ゆっくり浸かります。機嫌が良いと鼻唄を歌いながら、いつまでも出ようとしません。

居室に一人でいるときに転び、あざをつくっていることがあるので、全身を注意して観察します。

入浴 場面の観察のポイント

チェック
- ・外見に異常はないか
- ・体調の変化はどうか
- ・生活リハビリになっているか

チェック
- ・顔色や表情はどうか
- ・心地よく入浴しているか
- ・入浴を嫌がっていないか

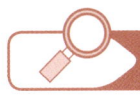

【事例ごとの介護記録の書き方とポイント】

記録のための観察とメモ

◆ 20XX年9月4日の午前の様子

チェック 生活リハビリになっているか
- タオルを渡すと、陰部など自分で洗えるところは洗っている
- 左腕が上がりにくいが、右手で頭を洗っている

チェック 心地よく入浴しているか
- 浴槽の中では機嫌良く鼻唄を歌っている

顔色や表情はどうか
- 顔色は悪くない
- 入浴前は表情が険しく、言葉も荒々しい
- 浴槽に入ってからはリラックスした表情をしている

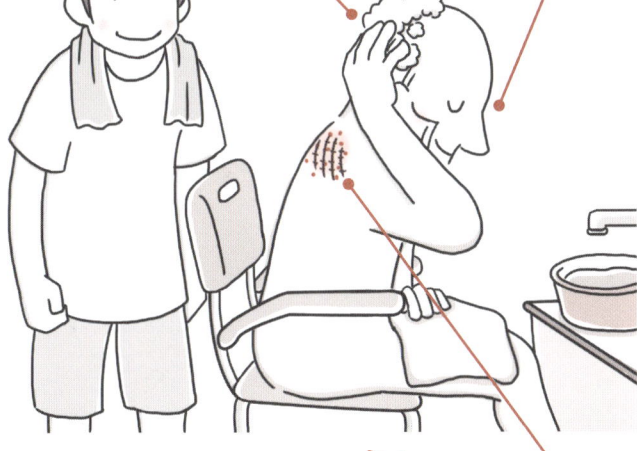

体調の変化はどうか
- バイタルサインは正常の範囲内

入浴を嫌がっていないか
- 風呂には行きたがらない
- 用件を頼む方法で浴室へ誘導

チェック 外見に異常はないか
- 肩から背中にかけて引っかいた跡がある
- 足の親指の爪が巻いており、処置が必要

第2章 施設編 入浴

75

Before 良くない記録の例

9月4日	記録内容
10：20	いつものように入浴拒否。2、3度声をかけ脱衣所へ。自分で脱ぐよう仕向ける。
11：00	一部介助にて洗髪・洗身。背中に引っかいた跡20×10cmあり。湯船鼻唄、5分で出るよう指示するが出浴拒否。

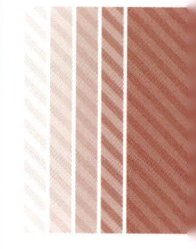

記録の意図 入浴前と入浴中、その後に分けて、介護を拒んだ場面を強調しながら経緯を追っている。

改善のポイント

①わかりやすく書く　本人や家族が読んで理解できるか

介護記録はスタッフ間だけのものではなく、利用者や家族が読んでもわかるものにしなければなりません。「いつものように」ではどのような様子なのか伝わりません。また「仕向ける」との表現も、本人の立場からみてどうでしょうか。独特の表現（出浴）なども避けます。

②具体的に書く　どのように働きかけを工夫したか

入浴を嫌がる方には、どのような言葉かけや対応が有効なのか、介護記録でその点をしっかり書き込みます。また、更衣や身体を洗うプロセスの中で、水澤さん自身は何ができて、どこに介助が必要なのかも具体的に書きます。「一部介助」だけでは、スタッフそれぞれの理解する内容に幅が生じてしまいます。

【事例ごとの介護記録の書き方とポイント】

After 良い記録の例

9月4日	記録内容
10：20	お風呂が空きましたと声をかけるが、「今日は朝湯をしたからいい」と断られる。浴室のいすのことで相談があると話し脱衣所へ誘い、「濡れるといけないので」と頼み、脱いでもらう。
11：00	洗髪、右手のみで洗っており、左耳の上など一部介助。洗身、胸と腹、陰部は自分で丁寧に洗う。背中に引っかいた跡20×10cmあり。 湯船では鼻唄。なかなか出ようとせず。一緒にビバノンノンと歌い、また来週！　と終わるとスムーズに上がった。

　……改善部分

全身の状態を観察するチャンス！

　入浴の際は、ふだん見えにくい部分をよく観察することができます。皮膚の状態では、ただれや発赤、内出血や傷の跡はないか、手足のむくみや腹部の張りはどうか、足先の爪や水虫はどうか、陰部は清潔か、更衣時に下着は汚れていないかなど、よく注意し、必要に応じて看護師と情報の共有を図ります。

　また、入浴はゆっくりとリラックスして楽しむ一面もあります。ふだんから周囲への当たり方が強い人ほど、気持ちを緩和する機会を望んでいたりします。逆にいつもウトウトしている人には、心地よい刺激で目を覚ましてもらいます。そのための**工夫を施し、書き込み合ってより良い方法をチーム**で探していくことが、介護の醍醐味にもつながります。

第2章　施設編　入浴

5 施設編 レクリエーション

楽しみながら身体と心の機能の活性化を図るレクリエーションでは、記録を通じて個性に近づき、利用者の力を引き出しましょう。

利用者情報

◆勝負になると張り切る利用者の場合

86歳の金子うしさんは、脳梗塞の後遺症で右マヒがあり、言葉も簡単な単語以外は出にくい様子です。

もともと小学校の教師をしており、ホワイトボードを使って花の名前や国の名前、温泉地名などを答えるレクリエーションでは、前に出て時間をかけて文字を書きます。反面、体操やリハビリなど身体を動かすのが好きではなく、誘っても気乗りしない様子がうかがえますが、勝負事になると目の色が変わります。速さや点数を競ったり、ゴールを狙うレクリエーションでは熱くなって参加する姿が見られます。

レクリエーション場面の観察のポイント

- チェック
  - ・好みはどうか
  - ・環境や道具はどうか
- チェック
  - ・日頃と異なる様子が見られるか
- チェック
  - ・様子や会話はどうか
  - ・他の利用者との関わりはどうか
  - ・楽しめているか

【事例ごとの介護記録の書き方とポイント】

記録のための観察とメモ

◆ 20XX年8月18日の午前の様子

環境や道具はどうか
・右側にスタッフが座り、フォローしている

様子や会話はどうか
・はじめは無表情で、冷めた態度をしている
・次第に集中し、笑顔も出てきている
・身体が自然に動いている

好みはどうか
・体操は気乗りしないようだったが、ボールまわしには積極的に参加

日頃と異なる様子が見られるか
・ボールまわしでは左腕がよく動いていた

他の利用者との関わりはどうか
・ウトウトしている人を指差し、唸っている
・勝ったときには一緒に喜んでいる

第2章 施設編 レクリエーション

Before 良くない記録の例

8月18日	記録内容
10：00 10：30	声かけでレクに参加。 体操、ボールまわし。 隣のKYさんが傾眠がちなので、声を上げて責めていた。

記録の意図 レクリエーションに参加したことと、取り組んだ内容について、ごく簡単に記録している。

改善のポイント

①表情や様子を書く　レクの内容よりも楽しめたかどうか

　レクリエーションの場面では、「予定で決まっているから」といって「参加すること」自体を目的にしがちです。その結果、記録上でも取り組んだ内容だけメモして済まそうとします。肝心な点は、利用者が楽しめたかどうか、心身機能の活性化につながったかどうかです。そこをポイントに書きましょう。

②良い点を書く　本人の力を引き出せたか

　他の利用者に対して、厳しい態度を示したりするのはたしかに望ましいことではありません。ただ、その面だけを指摘して記録しても仕方ありません。なるべく本人のもっている力を引き出し、良い点を記録するようにします。問題点を書くときには、必ず改善へ向けた対応も書き加えましょう。

【事例ごとの介護記録の書き方とポイント】

After 良い記録の例

8月18日	記録内容
10:00 10:30	声かけでレクに参加。 体操は気乗りしない様子だったが、ボールまわしを競うと集中しており、左腕がよく動いていた。勝負にこだわる姿勢を発揮し、★1 ウトウトしている ★2 KYさんを叱咤して起こし、チームが勝つと笑顔が見られた。

……改善部分

★1 ウトウトしている状態を「傾眠」と書く場合もありますが、意識障害の程度を表す用語なので、適当ではありません。
★2 金子さんの家族が記録を閲覧した際、第三者の個人情報に配慮するため、他の利用者の氏名はイニシャルを使います。

第2章 施設編 レクリエーション

楽しみながら力を引き出せたか

　身体の機能を活用しながら、何より本人が楽しんで取り組めたかどうかが大事なポイントになります。「心が動けば身体が動く」といいます。身体だけ動かそうとしてもレクリエーションの効果は限られますので、心の活性化までつながっているかどうか、よく見極めて書きましょう。

　金子さんのように勝負にこだわる性格の人だけでなく、ゲームは苦手で一人での作業を好む人、少人数でおしゃべりするのが好きな人、絵や細工などのアート系レクを楽しむ人、ドリルやクイズなどで教養を発揮する人、行事などのイベントで張りきる人など、一人ひとりの表情や様子から、個性や魅力を発見して記録し、他のスタッフにも伝えていくようにします。

施設編

6 夜間

施設の夜間勤務では、排泄のケアや眠れない利用者への対応、容態の急変など、さまざまな出来事をきちんと具体的に記録しましょう。

利用者情報

◆夜間、不眠がちな利用者の場合

　83歳の北村栄子さんは、軽い認知症とうつ病があり、お金や洋服のことが気になると、誰かが持っていくのではないかと不安にかられます。

　夕食後、歯磨きを済ませると、午後7時半には早々に寝てしまいますが、夜中の2時過ぎになると起き出し、スタッフルームに来ては「泥棒がいるから見てくれ」と訴えます。温かいミルクを飲んだり、談笑して気分を変えると、じきにベッドへ戻りますが、30分くらいすると、また起きてきて訴えが続きます。トイレは自分で行けますが、ときどき失禁があります。

夜間 場面の観察のポイント

チェック
- 眠りの状態やリズムはどうか
- 他の利用者への影響はどうか
- 環境は整っているか

チェック
- 睡眠時の呼吸や体温に異常はないか
- 失禁はしていないか
- ケアの内容と効果はどうか

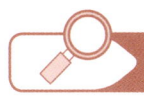

【事例ごとの介護記録の書き方とポイント】

記録のための観察とメモ

◆ 20XX年2月6日〜7日の夜間の様子

眠りの状態やリズムはどうか
- 寝入ってから数時間はよく眠っている
- 午前2時頃から繰り返し起き出している

睡眠時の呼吸や体温に異常はないか
- 呼吸は安定している
- 発熱や発汗などはない
- 軽くいびきをかいている
- 入眠中は穏やかな表情をしている

ケアの内容と効果はどうか
- 起きている間、話を聞く
- 不安を取り除けるような言葉をかける

他の利用者への影響はどうか
- 同室の入居者は静かに眠っている

失禁はしていないか
- 自分でトイレへ行っている
- 確認するとパッドに少量漏れあり

環境は整っているか
- 照明は夜間灯とフットライト
- 布団から足がはみ出ている

Before　良くない記録の例

2月7日	記録内容
1：00	巡回する。入眠中。
2：00	いつものように起きてくる。トイレへ行く。スタッフルームでぶつぶつ言っている。
2：30	いったん居室に戻る。一緒にベッドまわりを片づけ、横になってもらう。

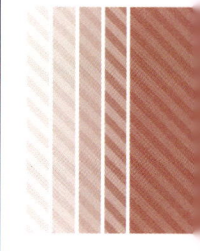

記録の意図　居室を出たり入ったりし、目が覚めている事実を簡潔に伝え、対処した内容を記録している。

改善のポイント

①眠り方を見る　いびきや表情を観察する

「入眠中」だけでは状態がはっきりしません。どのような様子で眠っているのか、呼吸は穏やかか、発汗や発熱はないか、表情はどうか、近くまで行き、きちんと確認します。「巡回する」は不要。また、「いつものように」では状況がわかりません。家族が読んでも把握できる記述を心がけましょう。

②簡潔かつ具体的に　訴えの内容とケアの方法を書く

「ぶつぶつ言っている」とありますが、肝心なのはその中身です。口の中でモゴモゴと話し、聞き取りにくいことがあるかもしれません。それでも聞き返してみて、わかった単語や、言葉への反応を残すだけでも意味があります。そこから対処の工夫が見えてくるでしょう。

【事例ごとの介護記録の書き方とポイント】

After 良い記録の例

2月7日	記録内容
1:00	よく眠っている。軽くいびきをかいている。
2:00	起きてトイレへ行く。パッド確認、失禁あり取り替える。スタッフルームに来て、「服がなくなった」「お金がない」等繰り返し小声で訴える。
2:30	一緒に探しましょうと声をかけ、居室へ戻る。ベッドまわりを片づけ、枕の下の財布を確認し、横になってもらう。

■……改善部分

★お金が気になる方には、少額を入れた財布を本人に管理してもらいます。

夜を安心して過ごすために

　夜間は基本的に就寝時間ですが、睡眠リズムは人によってさまざまです。起き出す方、うまくトイレに行けない方、急に体調が変化する方……。介護する側も少ない人数配置であるため、日中よりも不安と緊張感は増します。それを緩和するためにも記録の役割は重要です。きちんと巡回して、そのときどきの様子を確認し、排泄ケアを行い、身体の向きを調整するなど、**やるべきことをやり、きちんと記録を残しておけば、急な事態が起きてもあわてずに対処できる**でしょう。

　また、日中とは異なり、ある程度の時間をさいて、一人ひとりの利用者に関わりやすいのも夜間の特徴です。昼間は見せない夜の顔を知ることができたら、すぐさま記録しましょう。

施設編 7 認知症ケア

スタッフ自身が困ったことを挙げるのではなく、利用者自身の立場から行動や言葉の裏にある原因をよく探り、記録に残しましょう。

利用者情報

◆帰宅の訴えが見られる利用者の場合

　89歳の天野テルさんは、認知症のために自分のいる場所を理解できません。ときどき「家に帰る」と訴え、施設の玄関付近を行ったり来たりしています。「ご飯の仕度をしなきゃ」「お客さんが来る」など口にする理由はさまざまで、そのつど安心できるような言葉をかけたり、気が紛れるような作業をお願いして落ち着かせています。

　これまで2回ほど見守りの隙をついて一人で施設を出たことがあり、幸い近所の人が見つけて知らせてくれたため無事でした。以後、常に所在を確認するよう注意しています。

認知症ケア 場面の観察のポイント

- チェック
  - ・利用者の表現できない気持ちは何か
  - ・どのように対応したか
  - ・ケアの内容と効果はどうか

- チェック
  - ・行動の原因は何か
  - ・安全は確保できているか（所在を確認しているか）
  - ・表情や様子はどうか

【事例ごとの介護記録の書き方とポイント】

記録のための観察とメモ

◆ 20XX年8月10日の夕方の様子

第2章 施設編 認知症ケア

どのように対応したか
- 「車でお迎えが来るまでタオルをたたみましょう」と声をかけ、フロアに誘った
- 聴き上手な入居者に話し相手になってもらった

チェック 利用者の表現できない気持ちは何か
- 家に帰りたい
- 早く玄関から出してほしい

ケアの内容と効果はどうか
- タオルをたたんでいる間は、ぶつぶつ言いながら集中して手を動かしていた
- 他の入居者とはスタッフの悪口で盛り上がり、帰宅のことを一時的に忘れた

安全は確保できているか（所在を確認しているか）
- 玄関近くのベンチに座っている
- 目の届くフロアのいすに誘導した

チェック 行動の原因は何か
- これまでの習慣で子どものご飯の仕度が気になる
- 夕暮れなので何となく寂しい
- 空腹で落ち着かない
- スタッフが忙しくて相手がいない

87

Before 良くない記録の例

8月10日	記録内容
16：30	帰宅願望が強く、玄関前を徘徊し、外へ出る隙を狙っている。
17：00	繰り返し説得し、やっとフロアへ誘導することができる。
17：20	タオルをたたみ、他の利用者と話している。

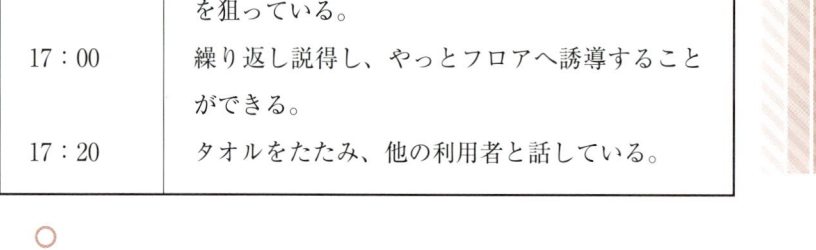

記録の意図 天野さんの落ち着かない様子や困ったことを強調して記録している。また、介護の対応も大変であったことを伝えようとしている。

改善のポイント

①利用者本位で書く　行動の裏にある理由は何か

　天野さんが落ち着かない様子は伝わりますが、訴えの内容について記述がなく、なぜ家に帰ろうとしているのかが不明です。また、「帰宅願望」「隙を狙う」などの表現も利用者を管理する発想から書かれており不適当です。あくまで認知症による行動障害と理解し、利用者本人の意向をくみ取る記録が必要です。

②具体的に書く　働きかけと反応はどうだったか

　「繰り返し説得」とありますが、具体的な内容がわかりません。どのような言葉をかけてフロアに誘うことができたのか、その後はどうやって落ち着かせることができたのか。自分が行った働きかけと、それに対する反応をきちんと書きましょう。また、他の利用者との関わり方もよく見て記録に残します。

【事例ごとの介護記録の書き方とポイント】

After 良い記録の例

8月10日	記録内容
16：30	「ご飯の仕度をするから帰る」などと訴え、玄関前を行ったり来たりしている。
17：00	「車が来るまで」とタオルたたみを頼むと、★フロアへ移動する。
17：20	タオルは集中してたたんでいる。AHさんとスタッフの話で盛り上がっている。

■……改善部分

★利用者が日中過ごす場所の表現は施設によって異なります。「フロア」「デイルーム」「食堂」「リビング」など、呼び方と合わせて共通の言葉を使います。

第2章 施設編 認知症ケア

行った働きかけとその反応を書く！

　認知症ケアの場合は、利用者の行動障害や精神症状によって異なる対応を求められます。スタッフはさまざまな働きかけをしながら、その対応の効果を探ります。うまくいかないこともありますが、行った働きかけとその反応を詳しく記録することが重要です。スタッフ同士でその記録を共有することで、より効果的に対応できるようになります。**良い記録とは、他のスタッフが読んだときに一連の対応の流れが思い浮かび、働きかけや対処法をまねしやすいもの**と言えます。

　また、利用者が集中していたことや、利用者に好まれる話題なども気づいたらどんどん記録に残しましょう。肯定的な面を意識することで、利用者の力をさらに引き出す効果を期待できます。

施設編

8 医療的ケア

スタッフが吸引や経管栄養などを安全に行うためには、医療看護職との連携が欠かせません。必要な情報を過不足なく記録しましょう。

利用者情報

◆夜間、痰がからむ利用者の場合

　金山初子さんは91歳。パーキンソン病の進行で歩行が難しく、座位もベッドでは安定せず、背もたれのついたいすでも長時間は座っていられません。痰がからみ、ときどき激しく咳を繰り返します。

　日中、調子の良いときは座って前かがみで背中を叩いたり、うがいをすると自力で吐き出すこともあります。夜間はうまく吐き出せず、のどのゴロゴロとした音を確認すると、身体の向きを変えて吐けるように試みたのち、吸引を行っています。痰がとれると呼吸が安定し、表情も和らぎます。

医療的ケア 場面の観察のポイント

- チェック ・体調はどうか
- ・利用者自ら症状を緩和できるか
- チェック ・ケアを行ったあと異常はないか
- ・表情や訴えはどうか
- チェック ・ケアの内容は適切か
- ・痰の色や量はどうか

【事例ごとの介護記録の書き方とポイント】

記録のための観察とメモ

◆ 20XX年9月3日の早朝の様子

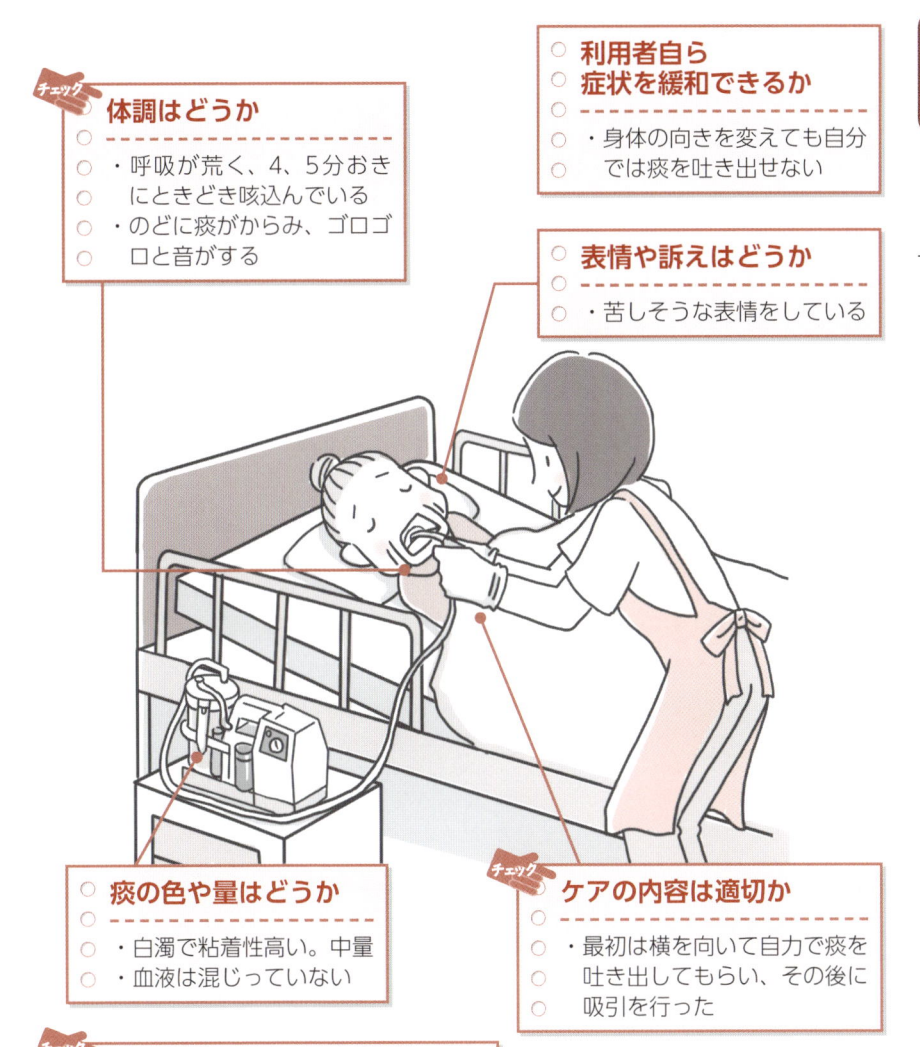

チェック 体調はどうか
- ・呼吸が荒く、4、5分おきにときどき咳込んでいる
- ・のどに痰がからみ、ゴロゴロと音がする

利用者自ら症状を緩和できるか
- ・身体の向きを変えても自分では痰を吐き出せない

表情や訴えはどうか
- ・苦しそうな表情をしている

痰の色や量はどうか
- ・白濁で粘着性高い。中量
- ・血液は混じっていない

チェック ケアの内容は適切か
- ・最初は横を向いて自力で痰を吐き出してもらい、その後に吸引を行った

チェック ケアを行ったあと異常はないか
- ・呼吸は安定している
- ・表情や顔色の変化はない
- ・出血はない

第2章 施設編 医療的ケア

Before 良くない記録の例

9月3日	記録内容
0:00	痰がらみあり、横向きで吐き出してもらう。少量の痰が引ける。口の中をトレトレ君でぬぐいとる。
3:00	まだ痰がらみあり、吸引施行。中量の痰が引ける。
5:00	入眠中。特変なし。

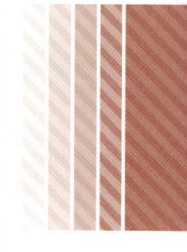

記録の意図 夜間、金山さんの痰を最初は自力で出してもらい、その後吸引を行ったことだけを簡単にメモしている。

改善のポイント

①状況の変化を書く　ケアを行った理由とその後を明確に

　医療的ケアは、あらかじめ医師や看護師の指示のもと、特定の状態が見られたら、決められた手続きに従って行うものです。その点が、スタッフの裁量と独自の判断で行える従来のケアとは大きく異なります。どのような状況下で何を行い、結果はどうだったのか、はっきりとわかりやすく書きましょう。

②慣用句を避ける　家族や関係者にわかる記録を

　「痰がらみ」だけでは痰のからんだ咳なのか、呼吸をするたびにゴロゴロと音がするのか、はっきりしません。また、「トレトレ君」のように商品名を挙げるのは、施設内では通用するかもしれませんが好ましくありません。「特変なし」も避け、スタッフならではのちょっとした気づきを書き加えます。

【事例ごとの介護記録の書き方とポイント】

After 良い記録の例

9月3日	記録内容
0:00	痰がらみの咳が4、5分おきに続く。右側臥位にて背中を叩き、自力で吐き出す。固い痰が少量出る。口の中をスポンジブラシでぬぐう。
3:00	のどが呼吸のたびにゴロゴロ鳴っており、顔をしかめている。吸引を10秒程度2回行い、痰が引ける（★粘度高く白濁。中量）。呼吸安定している。
5:00	よく眠っており、表情、息づかいとも穏やかで痰のからみなし。

……改善部分

★吸引した分泌物の状態を表現します。痰なのか、唾液なのか、粘り気はどの程度か、色はどうか（透明、白色、白濁、淡黄色、緑色、血液混じり）など、事業所でルールを決めます。別冊P.33の「状態・様子の表現」を参照してください。

身体の変化を観察し、ケアの因果関係を明らかに！

　吸引や経管栄養などは、慣れないとどうしても消極的になりがちです。何を記録に書いてよいかわからず、余計なことを書くよりは……と簡単な記述にとどまってしまうことがあります。ケアの現場ではさまざまな点をよく観察し、丁寧に対処したとしても、これでは伝わりません。必ず利用者本人の状態を記して、ケアの前後でどのように変わったか、因果関係を明らかにします。時には顔色が変わり、呼吸が荒くなる場合もありますが、あわてずに観察し、体調が落ち着いたら記録に残して様子を見ます。

　また、痰などは本来は自力で出せるのが一番です。医療的ケアを行わずに済む方法なども工夫し、記録に残して共有を図りましょう。

第2章 施設編 医療的ケア

施設編 9 看取り

心身の変化を恐れずに落ち着いて関わり、記録で共有していくことが穏やかな最期につながります。

利用者情報

◆看取りの時期が近づいた利用者の場合

96歳の諸星団次郎さんは、苦学して医者となり、長く地方の結核療養所で働いてきました。妻を亡くしてからは一人暮らしで、隣の県に住む息子夫婦がときどき訪ねていました。徐々に身体が動きにくくなり、4年前、施設に入りました。がんも見つかっていますが、特に治療はしていません。3か月ほど前から食事や水分を拒むようになり、尿の量も減っています。昼夜関係なく、寝ている時間が増えてきました。

主治医は余命1か月程度と診断しており、家族にも説明しています。積極的な延命はしない方針です。

看取り場面の観察のポイント

- チェック ・活気や眠りの様子はどうか
- チェック ・食事や水分は摂れるか
- ・体温や血圧はどうか
- チェック ・呼吸の状態はどうか
- ・尿は出ているか
- ・むくみや皮膚の状態はどうか

【事例ごとの介護記録の書き方とポイント】

記録のための観察とメモ

◆ 20XX年7月11日の午後の様子

食事や水分は摂れるか
- アイスクリームをスプーン4口摂る
- トロミのついたスポーツ飲料を30cc摂る
- 小さく首を振って口を閉じる

呼吸の状態はどうか
- 小刻みに吸ったり吐いたりしている
- 痰のからみはない

第2章 施設編 看取り

活気や眠りの様子はどうか
- うとうとしているが、ときどきまぶたが半分開いている
- 声をかけると大きく目を開き、顔を揺する
- 「あした…、次の患者…、山登り…」などとつぶやいている
- 手首や指先を上げて何かを指している

体温や血圧はどうか
- 手や足の先が冷えている
- 血圧94/61、脈92、体温36.2℃

尿は出ているか
- パッドの中にごく少量出ている

むくみや皮膚の状態はどうか
- むくみはない。手や足が全体に青白い

Before 良くない記録の例

7月11日	備考
14:00	アイスを少量、水分含ませる。いつもより進まない。バイタルサインは異常なし。
16:00	うわ言があるがはっきりしない。足が冷えきっているので心配だ。

記録の意図 口から摂れた量を記録し、せん妄や体温低下といった状態を自分の心配な気持ちも込めて書き記している。

改善のポイント

①曖昧さを残さない　比較は具体的に

　記録はそれぞれの文が、他の時間のものと切り離されても意味の通るようにしなければなりません。「いつもより進まない」では書き手はわかっていても、いつもがどのくらいなのかは人によって理解が異なるでしょう。また、「はっきりしない」と書くより、本人の言葉や発声のいくつかを拾うよう努めます。

②介護職の役割を果たす　看護に伝える内容を

　介護職はバイタルサインを測って記録することはできますが、その評価まではしません。「異常なし」は避けましょう。また、「足が冷えきっているので心配だ」と思う気持ちはわかりますが、身体の変化を的確におさえて記録し、看護職と共有することが大事です。それが心配しないで済むケアにつながります。

【事例ごとの介護記録の書き方とポイント】

After 良い記録の例

7月11日	備考
14：00	うとうとしている。声をかけ、アイス4口、水分30cc。むせはないが首を少し振って拒む。やや呼吸早い。（血圧94/61、脈92、体温36.2℃）
16：00	目を半分開け「あした…、次の患者…、山登り…」などとつぶやきながら手を上げ何かを指している。手足の先が冷えており、皮膚が青白い。

……改善部分

第2章 施設編 看取り

看取りは普通の暮らしの延長です

　施設や小規模ホームなど、生活を中心とした場所でも看取りまで行うケースが増えてきました。人によってさまざまな経過をたどりますが、徐々に食べ物や水分を受け付けなくなり、尿も出なくなり、身体の栄養分を使い切っていきます。呼吸や体温などのチェックも大切です。**特に医師や看護師との連携が重要なので、身体の変化を注意深く観察して記録に残すようにします。**痛みの管理も本人のQOLに大きく関わります。また、言動に混乱も見られる反面、最期が近いことを自覚して、何か大切なひとことを残そうとしているかもしれません。それは家族がいるときとは限りません。ヘルパーは一番長くご本人の近くにいられる専門職です。耳をよく澄まして、小声のつぶやきや話しかけへの反応などを注意深く聞き取り、書き残しておくように努めましょう。

施設編

10 家族対応

不安を抱えた家族の心情を推し量りながら、ともにケアに携わる一員として、家族ならではの力や気づかいを発揮してもらいましょう。

利用者情報

◆若年性認知症の利用者とその家族の場合

58歳の石川達也さんは、4年前に若年性認知症と診断されました。発症時は現役のサラリーマンで、役員への昇格が決まったところでした。

家族の落胆は大きく、どうしても厳しく当たってしまい、石川さん本人も次第にイライラが強まり、時には暴力も出るようになりました。地域包括支援センターを通じて施設を紹介され、半年前から入所しています。当初は落ち着かず、大きな声を上げたりスタッフに手が出たり、毎回の食事量にもムラがありました。徐々に家族との関わりも好転し、生活に慣れてきています。

家族対応 場面の観察のポイント

- 家族や利用者の表情や様子はどうか
- 家族の訴えや要望は何か
- 利用者の家族への思いはどうか
- 家族間の関係はどうか
- 家族の心労を軽減できたか
- 利用者や家族の状況に変化はあるか

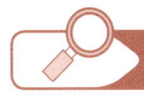

【事例ごとの介護記録の書き方とポイント】

記録のための観察とメモ

◆ 20XX年3月27日の午後の様子

家族の心労を軽減できたか
- ・離れているので余裕がもてる
- ・スタッフの見守りがあるので安心できる

家族や利用者の表情や様子はどうか
- ・無表情でむっつりとしている
- ・お土産の水ようかんを食べると表情が緩む

家族間の関係はどうか
- ・利用者の奥さんと長女が訪問
- ・はじめのうちはイライラして怒りをぶつけていたが、話しているうちに落ち着いてくる

利用者の家族への思いはどうか
- ・家族が自分を責めるので嫌い
- ・寂しいのでもっと家族に会いたい

家族の訴えや要望は何か
- ・穏やかに過ごしてほしい
- ・今のままでは一緒には暮らせないことを理解してほしい

利用者や家族の状況に変化はあるか
- ・帰りたいと言われるのがつらい
- ・本人が落ち着くための工夫を一緒に考える

第2章 施設編 家族対応

Before 良くない記録の例

3月27日	記録内容
14：30	家族の訪問あり、フロアで話す。
15：00	お土産持参、その場で平らげる。
15：20	スタッフに利用者についてのグチをこぼしている。
	次回、パズルを持ってくるとのこと。

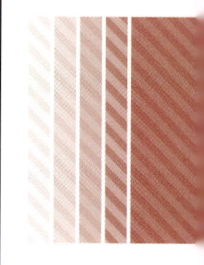

記録の意図 家族の訪問があったことと、スタッフにグチをこぼしたことを報告している。

改善のポイント

①明快に書く　関わり方が目に浮かぶように

家族の訪問を受けて、石川さんの様子はどうだったのか、わかりやすく書きます。また、「家族」では、妻なのか子どもなのかわかりません。「お土産」も具体的に書きます。「スタッフに利用者についてのグチをこぼしている」の一文は主語がなく、誰がスタッフにグチをこぼしたのか不明です。読んだ人が同じ光景を想像できるよう明確に書きましょう。

②家族から聞き取る　ケアに役立つヒントを探す

「スタッフにグチをこぼしている」とありますが、話の内容が伝わってきません。家族の悩んでいることや思いを書き残します。また、家族は長い間生活をともにしてきて、石川さんのことを一番よく知っており、自負もあります。施設内での生活からは見えてこない一面を聞き取り、ケアに役立てましょう。

【事例ごとの介護記録の書き方とポイント】

After 良い記録の例

3月27日	記録内容
14：30	奥様とご長女の訪問あり、フロアで話す。表情硬い。
15：00	持参の水ようかんを食べると顔が緩み、談笑している。
15：20	奥様より「家にいるより穏やかだけど本人は退屈している。帰りたいと言われるのがつらい」との話あり。自宅で好んでやっていたパズルを試しに持ってくることにする。

……改善部分

家族との信頼関係を築くために

　家族は、利用者に対して愛情深く接したい反面、衰えた部分を認めたくないために、つい厳しくしてしまうことがあります。親しい身内だからこそ、頭では理解していても、気持ちでは納得できずにいます。さらに、これまでの家族関係におけるわだかまりなどに左右されることも多く、こうした家族間の問題に、スタッフは軽々しく立ち入ることはできません。居室で家族だけで話をしてもらい、「観察」する態度を控えることも、場合によっては必要です。

　ただ、施設入所や末期に近い状態になることをきっかけに、より良い関係を結び直すこともあります。記録の役割はそういった変化の兆しをきちんと残し、第三者の立場をわきまえながら後押ししていくことです。

在宅、デイサービスなどの記録の考え方とポイント

短い時間の中で効果的な記録を書くには工夫が必要です。サービス提供時間以外の利用者の暮らしも念頭に置きながら、最低限申し送りの望まれる事柄を押さえ、さらに暮らしの豊かさにつながる記録を目指しましょう。

できることを利用者と家族、ヘルパーで共有する

　在宅介護の大きな特徴は、利用者の住んでいる家を訪問するので、施設よりもその人らしさを発揮しやすい点にあります。できることとできないことを見極めて記録に残し、自立支援に向けた力を引き出していく点は施設と変わりませんが、利用者や家族が生活の中で大事にしていることは千差万別です。きれいに片づいていないと落ち着かない人もいれば、逆に整理しすぎると不穏になる人もいます。

　ただ、利用者や家族ができることまでヘルパーに依存してきたり、さらに細かい家事の作法まで望まれるなど、介護保険制度の制約内で行うには苦慮する場面も少なくありません。

　ヘルパーの側も、一人でケアに関わるので、外部の人には行っていることが見えにくく、必要なニーズを満たすために過不足のないケアを提供しているかどうか、特に注意が必要になります。そのため、利用者、家族、ヘルパーのそれぞれが思い描くケアの内容が一致するように、行ったケア、利用者や家族の様子や要望などを、記録で明らかにしていくことが望まれます。

```
ヘルパーの          利用者・
できること          家族の要望
        ↓  記録  ↓
    過不足のないケア
    「できること」を共有
```

ケア以外の時間も念頭に、豊かな暮らしに近づける

　ヘルパーが訪問したり、ショートス

【事例ごとの介護記録の書き方とポイント】

テイやデイサービスを利用したりするのは、24時間365日の生活の中の一部に限られます。限られた時間のケアの様子を記録に書き記すことで、ケア以外の時間を担う家族や、訪問看護師・医師などの専門職、地域の人たちとの連携に活かせるようにします。

食事がよく食べられたり、排泄がうまくできたり、認知症の行動障害が緩和したという場面では、どのようなケアを行っていたかなど、本人の生活を安定させていくうえで役に立つ情報を盛り込むように心がけましょう。

また、ちょっとしたおしゃべりから気持ちを通わせられたエピソードなども記録し、関わる人の間で共有します。その積み重ねが暮らしの豊かさにつながっていくでしょう。

短い時間で効果的に的を絞った簡潔な記録を

ヘルパーの訪問時間は限られるため、多くの事業所では簡単なチェックで済む記録の書式を使っています。在宅編の各ページでも、行ったケアの内容は項目にチェックを入れ、特記事項を備考欄に書く方法をとっています。内容も簡潔に、最低限申し送りの必要な項目に絞って、効率よくまとめられるように事例を挙げています。

ケアプランの内容から外れることを恐れるあまり、記録の備考欄にはなるべく書かないという事業所もありますが、せっかく良いケアを行っていても、記録に残さなければ意味がありません。

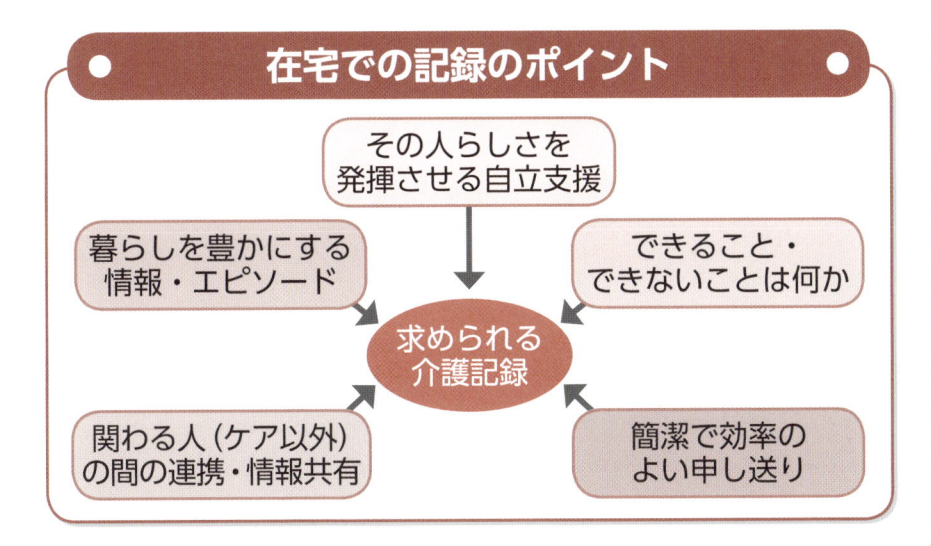

第2章 在宅、デイサービスなどの記録の考え方とポイント

在宅での記録のポイント

- その人らしさを発揮させる自立支援
- 暮らしを豊かにする情報・エピソード
- できること・できないことは何か
- 関わる人（ケア以外）の間の連携・情報共有
- 簡潔で効率のよい申し送り

→ 求められる介護記録

在宅編

1 生活支援

家事の仕方はそれぞれの家庭ごとに異なります。利用者の暮らしぶりを尊重しつつ、清潔な状態の維持や環境整備に記録を役立てましょう。

利用者情報

◆独居で掃除や洗濯に手助けが必要な利用者の場合

　94歳の梅田マツさんは一人暮らし。子どもも3人いましたが、2人はすでに亡くなり、1人残った次男も高齢で市外に住んでいるため、2、3か月に一度様子を見にくる程度です。

　梅田さんは骨粗しょう症のため足に力が入らず、移動は家の中でも車いす利用か伝い歩きをしています。また、腰も大きく曲がっているため、腕を高く上げるのが苦手です。週2回ヘルパーが訪問し、掃除をしたり、洗濯物を干したりといった身のまわりのことをお手伝いしています。ヘルパーとのおしゃべりも楽しみにしています。

生活支援 場面の観察のポイント

チェック
- できること・できないことは何か
- 洗濯物の状態はどうか
- 表情や様子はどうか

チェック
- 用具や道具の扱いはどうか
- サービス利用の背景（原因）は何か
- 生活環境はどうか

【事例ごとの介護記録の書き方とポイント】

記録のための観察とメモ

◆ 20XX年3月26日の様子

用具や道具の扱いはどうか
- 掃除機、ほうき・ちりとり、はたきを使う
- 床上は掃いた後、雑巾をかける

チェック できること・できないことは何か
- 食器棚、置き物棚中段のはたきがけはできる
- 座った姿勢で室内物干しに干すことができる

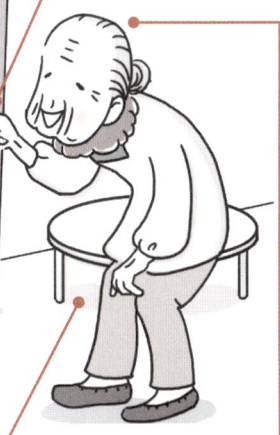

チェック 生活環境はどうか
- 居間のテーブルの下を中心に、床の上が汚れている
- 居室の隅のほうに埃やゴミが溜まっている
- 食器棚や置き物棚に埃がかぶっている

表情や様子はどうか
- しゃべりながら笑顔で自ら手を動かしている

洗濯物の状態はどうか
- 食べこぼしの跡がシミになった上着がある
- 尿失禁と便がついたシーツ、毛布がある

第2章 在宅編 生活支援

Before 良くない記録の例

3月26日　14:00〜15:00	備考
訪問介護　身体（　）　生活（60） ☑清掃 （居室・居間・廊下・トイレ） ☑洗濯　　☑物干し　　☐取り込み ☐収納 ☑シーツ交換　　☐カバー交換	シーツや毛布も洗う。 ほか特になし。

記録の意図　実施した内容を項目から選んでチェックし、備考欄では洗濯物の内容で特徴的なものを挙げている。

改善のポイント

①備考への付記　気になることを簡潔明瞭に書き加える

　備考欄は実施記録のチェックだけでは足りない内容を付け加えるものです。シーツや毛布を洗ったことを挙げるだけでなく、理由を書き加えるとさらに良いでしょう。また環境整備についても、気にかかったこと、取り組んだことなどを付記すれば、おのずと「特になし」という記述は避けられます。

②本人の様子を書く　観察した内容を見落とさないように

　短い訪問時間では、仕事に追われ、記録も簡単に済ませてしまいがちです。梅田さんは、週2回のヘルパーの訪問を楽しみにしており、一緒に掃除や洗濯・物干しをしている時には、ニコニコと微笑んでいます。利用者ができること・できないことなど身体状況の見極めとともに、表情にも注目しましょう。

After 良い記録の例

3月26日 14:00〜15:00	備考
訪問介護　身体（　）　生活（60） ☑清掃 （居室・居間・廊下・トイレ） ☑洗濯　　☑物干し　　□取り込み □収納 ☑シーツ交換　　□カバー交換	便付着と尿失禁あり、シーツと毛布を洗う。自分ではたきをかけながら、コケシ人形の思い出を懐かしそうに話している。

……改善部分

暮らしの質の向上につなげる

　それぞれの家庭には、そのお宅ならではの特色があります。いつもきれいに整理整頓され、ピカピカに磨きあげられている家もあれば、ゴミが散乱して着の身着のまま過ごしている家もあります。利用者の性格や長年の習慣が積み重なりながら、そこに**身体機能の低下や精神的な変化が影響を与え、とても個別性が高いのが生活援助の難しいところ**です。梅田さんもだんだん汚れが気にならなくなっています。はたきがけなど、**本人のできることを引き出して記録**し、ヘルパーが互いに共有することで、環境や衣類の清潔を自分で保てるようにします。

　また、独居の方の一番のニーズはおしゃべり。短時間でも手を動かしながら話を聞き、トピックを書き残しておくと、次の時に役立ちます。

在宅編

2 食事

健康管理に注意を払いながら、毎回の食事をおいしく食べられるように、調理から片づけに至るまで、一連の流れで観察していきます。

利用者情報

◆飲み込みに障害のある利用者の場合

徳丸啓二さん（88歳）は一人暮らし。娘が2人いますが、それぞれ電車で2時間ほどのところに離れて住んでおり、年3、4回顔を出す程度です。

3年前に脳梗塞の発作を起こし、左手がマヒして動きません。また、体調不良を頻繁に訴えることがあります。

嚥下の状態が悪く、飲み込む際にむせたり、噛み切れないものをペッとテーブル脇に吐き出したりすることもあります。軟らかいお肉が大好物で、野菜は好みません。食後は服薬の介助もしています。

食事 場面の観察のポイント

- ・適切な姿勢・動作で食事をしているか
- ・食べ物の好き嫌いはあるか
- ・食器や自助具はどうか
- ・食事の時間を楽しめているか
- ・食事の形態は適当か
- ・嚥下はできているか

【事例ごとの介護記録の書き方とポイント】

記録のための観察とメモ

◆ 20XX年9月17日の様子

食事の時間を楽しめているか
- 豚しゃぶに顔を輝かせている
- 食事中、「くたびれた」と顔をしかめている
- 介助をすると口を開けて食べる

チェック 適切な姿勢・動作で食事をしているか
- 車いすから、両足のつく低いいすに移っている
- 左側に身体が傾いている

チェック 食べ物の好き嫌いはあるか
- 肉はなくなっている

チェック 嚥下はできているか
- 食事の後半、むせ込むことがあった
- 口から吐き出すことはない

食事の形態は適当か
- 野菜を煮て軟らかくしている
- 味噌汁にトロミをつけている

食器や自助具はどうか
- 滑り止めつきの食器を使っている
- スプーンを使って食べている

第2章 在宅編 食事

Before 良くない記録の例

9月17日　17：00～18：00	備考
訪問介護　身体（30）　生活（30） ☑食事介助（主　10／副　7） ☑水分補給（350cc） ☑調理　　☑配膳　　☑片づけ （献立　豚しゃぶ・野菜煮物 ・味噌汁・ご飯） □服薬介助　　□薬の塗布・貼付	豚しゃぶペロリ。 薬が増えているようだ。

記録の意図　調理をして配膳し、食事の介助を行ったことをチェック方式の記録により明らかにしている。

改善のポイント

①できたことに注目　食事の摂り方や好みを観察する

　調理の過程や食事を摂る動作の中で、徳丸さんのできていることや積極的な態度などをとらえて記録します。特に体調の変化や姿勢の確保、右手の使い方などに注目しましょう。「豚しゃぶペロリ」では、お肉を早々に完食した様子は伝わりますが、表現がくだけ過ぎていて適当とはいえません。

②具体的に書く　把握した事実をきちんと正確に書く

　服薬欄のチェックが漏れているうえ、どの程度薬が増えたのかわかりません。あいまいな表現は使わず、何錠飲んでいたものが何錠に変わったのか、種類は錠剤か散薬か、変わった理由は何かなど、把握した限り記録に残します。通院に同行した人または本人からの申し送りをメモや連絡ノートなどで確認します。

【事例ごとの介護記録の書き方とポイント】

After 良い記録の例

9月17日　17：00〜18：00	備考
訪問介護　身体（30）　生活（30） ☑食事介助　（主　10／副　7） ☑水分補給　（350cc） ☑調理　☑配膳　☑片づけ （献立　豚しゃぶ・野菜煮物 　・味噌汁・ご飯） ☑服薬介助　　□薬の塗布・貼付	勢いよく豚しゃぶを食べ、なくなると顔をしかめ動きが止まる。むせ込みはあるが、口から出すことはなし。食後の薬が2錠から4錠へ増えている。

……改善部分

第2章　在宅編　食事

記録の活用で食事時間を有益に

　調理や食事は、訪問先の利用者によって千差万別です。徳丸さんも好きな肉はモリモリ食べているものの、肉を食べ終えたとたんに動きが止まってしまいました。このように**食べ方から好みを確認する**方法もあります。

　また、むせ込みや、口から物を出すことがあったかどうかも記録しますが、これは**ヘルパー間で継続して注意**していく項目にします。吐き出してしまう食材があれば、以後の提供を控えましょう。形状や軟らかさ、嗜好が関わっているかもしれません。記録を蓄積していくと、理由がわかることもあります。

　献立のほか、食器類や環境にも着目して観察し、食事や調理が徳丸さんにとってより良い時間になるように、気を配りましょう。

3 在宅編 排泄

排泄ケアは、家での暮らしを支える在宅生活の基本です。身体機能や体調の変化も、注意深く観察した記録から気づくことができます。

利用者情報

◆おむつを使う利用者の場合

93歳の芦田小次郎さんは、88歳のキン子さんとの二人暮らし。日中・夜間ともにウトウトと過ごすことが多く、足の力が弱っているため、介助がなければ立つことができません。

キン子さんはご飯の仕度や身のまわりの世話はかいがいしくしていますが、腰痛を抱えているため、小次郎さんを立たせることができません。以前はリハビリパンツをはいてパッドを入れ、ベッド脇のポータブルトイレを使っていましたが、今はふだんからおむつを使っています。ヘルパー訪問時にポータブルトイレに移ります。

排泄場面の観察のポイント

- ・失禁はしていないか
- ・表情や様子はどうか
- ・皮膚の状態はどうか
- ・出血などの異常はないか
- ・便の形状や量はどうか
- ・ケアの内容と効果はどうか

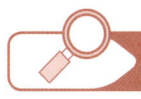

【事例ごとの介護記録の書き方とポイント】

記録のための観察とメモ

◆ 20XX年11月10日の様子

表情や様子はどうか
- 訪問時うつらうつらしている
- ポータブルトイレに移る際、眼を見開いている
- 座って前傾姿勢で排泄している

皮膚の状態はどうか
- 仙骨周辺の皮膚が赤みを帯びている
- そけい部の皮膚が荒れている

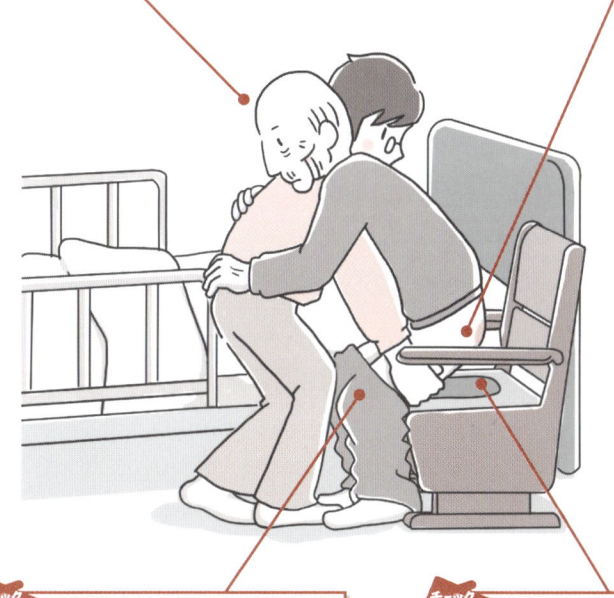

チェック 失禁はしていないか
- 尿失禁が多量にある
- 便が少し漏れている
- ポータブルトイレでも排便あり

チェック 便の形状や量はどうか
- パッドに軟便、少量
- ポータブルトイレで普通便、少量

ケアの内容と効果はどうか
- 陰部を洗浄し清潔になった
- 便が4日ぶりに出た

第2章 在宅編 排泄

Before 良くない記録の例

11月10日　8:30〜9:00	備考
訪問介護　身体（30）　生活（　） ☐トイレ介助　　☑Ｐトイレ介助 ☑おむつ交換　　☑パッド交換 ☑排便　　　　　☑排尿 ☑清拭・洗浄（陰部）　☐更衣介助	失禁あり。おむつ交換。排便あった。

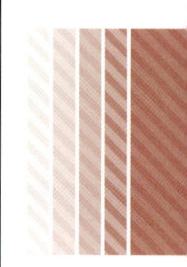

記録の意図　実施した内容を項目からチェックし、備考欄にケアの内容をまとめて伝えようとしている。

改善のポイント

①ポイントを絞る　共有が必要な情報は何かを簡潔明瞭に

　訪問介護の実施記録は、短時間で書き上げなければならないため、簡潔明瞭にする必要があります。多くの事業者はチェック式で手間を省いていますが、簡単に書くにしてもポイントを絞って書く必要があります。チェックした内容と重なっていては備考欄にわざわざ書く意味がありません。

②異なる点を観察　ふだんと何が違うかを注意して観察する

　ケアプランや訪問介護計画書の目標にもよりますが、便の量や形状、ポータブルトイレ利用時の立位や姿勢の安定、皮膚の状態、出血など、ふだんと違う様子など、よく注意して観察し、チェックでは伝えられない内容を要領よくまとめて記します。毎回の記録が連なると貴重な経過がわかることになります。

【事例ごとの介護記録の書き方とポイント】

After 良い記録の例

11月10日 8：30〜9：00	備考
訪問介護　身体（30）　生活（　） □トイレ介助　　☑Pトイレ介助 ☑おむつ交換　　☑パッド交換 ☑排便　　　　　☑排尿 ☑清拭・洗浄（陰部）　□更衣介助	パッド失禁あり、軟便少量。★1 Pトイレでも、★2 普通便中量出る。移乗は足に力入らずほぼ全介助。 仙骨部に赤みあり。3cm×3cmに広がっている。

　　……改善部分
★1「ポータブルトイレ」と丁寧に表記する場合もあります。
★2 便の形状や量は、チェック項目の「排便」の脇に書き添えることもあります。種類は別冊P.32の「状態・様子の表現」を参照してください。

連携して記録ポイントを絞る

　たとえ30分間の訪問でも、排泄のケアにまつわる介護は数多く、失禁やシーツ交換、更衣などが必要になると、思うように記録の時間をとれません。そのため、**書く内容を絞って簡潔にまとめる**ことが重要になります。
　健康状態を把握するための排便確認のほか、少しでも身体機能を維持するため移乗時に足を使ったり、おむつ交換時に腰を浮かすなど本人の力を引き出すことの取り組み、皮膚や陰部の状態など注意することがあります。ヘルパー各自が気づいたことをバラバラに書くよりは、**押さえておくべき内容について事前に決めておき、確認漏れがないように、単語や記号などを使って表す**のも一つの方法です。

第2章 在宅編　排泄

在宅編 4 入浴

家のお風呂での入浴は何よりもくつろげる時間です。全身の状態を観察するとともに、利用者の表情や気分の変化にも注目しましょう。

利用者情報

◆片マヒで一部介助が必要な利用者の場合

山田さか江さんは今年85歳。小さい頃から奉公に出されて苦労し、結婚もせずに雑貨店を営んで生計を立ててきました。70歳で店をたたんだ後は年数回、友だちと温泉に行くのを楽しみにしてきました。

80歳で脳梗塞を起こし、現在、左手と左足にマヒが残っています。家の風呂には手すり、シャワーチェアとバスボードを設置。ヘルパーと週2回入浴するのを楽しみにしていますが、浴室で転倒したことがあり、それ以来少し緊張しています。尿漏れで下着が汚れていることも気にしています。

入浴場面の観察のポイント

- チェック ・体調の変化はどうか
- ・下着やパッドは汚れていないか
- チェック ・外見に異常はないか
- チェック ・できること・できないことは何か
- ・危険は回避されているか
- チェック ・心地よく入浴しているか

【事例ごとの介護記録の書き方とポイント】

記録のための観察とメモ

◆ 20XX年4月6日の様子

チェック 心地よく入浴しているか
- 湯に浸かりながらくつろいだ表情をしている
- 熱海の思い出話をしている

できること・できないことは何か
- 右手を使ってゆっくり更衣している。一部介助する
- タオルを持って身体の前面は自分で洗っている
- 腕が上がるときは頭も洗っている
- 移動や更衣、洗身・洗髪を一部介助

危険は回避されているか
- 脱衣所までは車いすを利用し、手すりを使って立っている
- 浴室内では手すりを使い、右側からヘルパーが支えている

チェック 外見に異常はないか
- 傷や出血、床ずれなどはない
- 皮膚が乾燥している

チェック 体調の変化はどうか
- 体温36.2℃、血圧132/82、脈72
- 体調は変わりなく、顔色も良い

下着やパッドは汚れていないか
- パッドに中量の尿失禁あり
- 便付着

第2章 在宅編 入浴

Before 良くない記録の例

4月6日　16：00〜17：00	備考
訪問介護　身体（60）　生活（　） □清拭・洗浄　　□部分浴 □シャワー浴　　☑全身浴 ☑更衣介助　　　☑整容 □おむつ交換　　☑パッド交換 ☑水分補給　　　□服薬・塗布 □シーツ交換　　☑洗濯　　□乾燥	体温36.2℃ 血圧132/82　脈72 パッドに尿失禁、便付着。

記録の意図　計測したバイタルを記録しているほか、失禁について書いている。

改善のポイント

①身体の状況を書く　全身を観察して気づいたことを記録する

　入浴時は、全身状態をよく観察する貴重な機会となります。傷や内出血はないか、床ずれや汚れのひどいところはないか、バイタルサインは正常の範囲内かなど丁寧に観察します。また、移動して、座ったり立ったり、両手を使ったりと身体の動きもよく見ながら、できること・できないことを見極めます。

②心情を読み取る　入浴での様子を表情や言葉をまじえて書く

　入浴は身体の清潔を維持するだけではなく、精神的にもくつろぐ効果のあるものです。身体機能や動作、全身の状態などに注目する必要はありますが、それだけでは施設での入浴と変わりません。山田さんが家のお風呂でいかにリラックスできたか、そんな視点からのコメントもあるとよいでしょう。

【事例ごとの介護記録の書き方とポイント】

After 良い記録の例

4月6日　16:00〜17:00	備考
訪問介護　身体（60）　生活（　）	体温36.2℃
☐清拭・洗浄　　☐部分浴	血圧132/82　脈72
☐シャワー浴　　☑全身浴	パッドに尿失禁（★<u>中量</u>）、便付着。
☑更衣介助　　　☑整容	今日は右腕よく上がり
☐おむつ交換　　☑パッド交換	髪も自分で一部洗えた。
☑水分補給　　　☐服薬・塗布	浸かりながら熱海の思
☐シーツ交換　　☑洗濯　　☐乾燥	い出を話している。

　……改善部分
★尿量などは、＋（少量）や＃（中量）、＃（多量）などの記号で表すこともあります。

第2章　在宅編　入浴

記録を通じてケアの効果をアップ

　限られた時間と狭い記述スペースでは多くのことを書けません。バイタルサインの値や体調について気づいたことは必ず記入します。そのほか、**ケアの目標に従って取り組んだこと、たとえば、着替えや洗う場面で利用者自身の力をどれだけ引き出せたかを記入**したり、すでに毎回の入浴で取り組み、成果の出ていることにプラスして、ちょっとした変化があれば見逃さずに記録に残しましょう。さらに本人の楽しめている様子などを加えると、読んだ他のヘルパーや家族もホッとする良い記録になります。

　入浴ケアを単なる作業に終わらせず、コミュニケーションを図り、リラックスした生活の支援にしていくためにも、記録を有効に活かしましょう。

在宅編 5

夜間（ショートステイ）

ショートステイの利用者は、ふだんと異なる環境に戸惑いがちです。スタッフも手探りですが、そんなときこそ記録がヒントになります。

利用者情報

◆夜間に排泄が続き不安の強い利用者の場合

山本弥生さんは84歳。20年前に夫を亡くしてから一人で暮らしていましたが、3年前にアルツハイマー型認知症と診断され、現在は長男夫婦の家に同居しています。

もともと細かい性格でしたが、発症後はさらにこだわりが強くなり、流しの使い方やおかずの並べ方など繰り返し文句を言います。お嫁さんには大変なストレスとなり、ショートステイの利用につながりました。排泄は自分でトイレに行けますが、夜間は歩行がふらつくため、下着にパッドを入れ、ポータブルトイレを利用しています。

夜間 場面の観察のポイント

- チェック ・利用者の不安はどうか
- ・環境は整っているか
- チェック ・眠りの状態やリズムはどうか
- ・失禁はしていないか
- チェック ・睡眠時の呼吸や体温に異常はないか
- ・ケアの内容と効果はどうか

【事例ごとの介護記録の書き方とポイント】

記録のための観察とメモ

◆ 20XX年2月6日～7日の夜間の様子

第2章 在宅編　夜間（ショートステイ）

チェック 眠りの状態やリズムはどうか
・なかなか寝つけず、午前1時頃まで起きている
・その後も眠りは浅い

失禁はしていないか
・頻繁に起き、ポータブルトイレを使っている
・朝方パッドに失禁あり

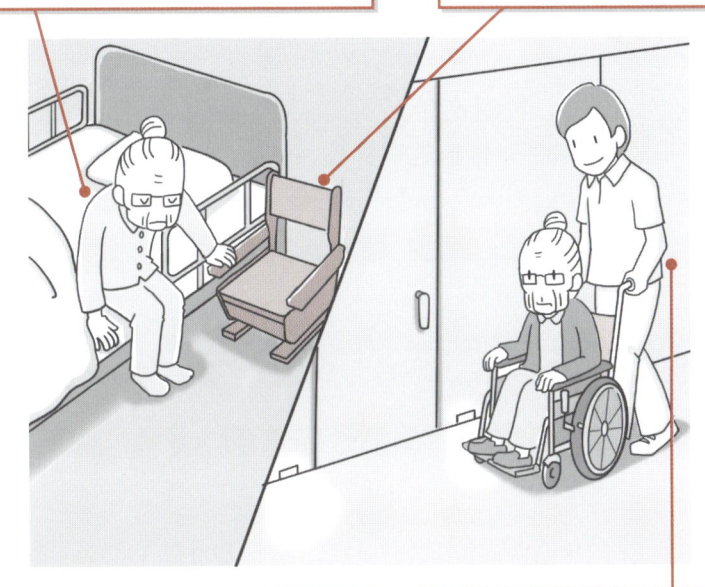

チェック 利用者の不安はどうか
・長男に捨てられたとの訴えがある
・嫁への不満も口にしている
・他の利用者のことを悪く言っている

ケアの内容と効果はどうか
・話を聞くと、落ち着いてくる
・話が長引くときは、車いすで巡回に同行してもらう
・ココアを勧める

チェック 睡眠時の呼吸や体温に異常はないか
・呼吸や体温は安定している
・興奮してしゃべり血圧が上がっている

環境は整っているか
・ポータブルトイレを設置している
・照明は落としているが足元灯がついている
・移動のための車いすを用意している

121

Before 良くない記録の例

2月6日	記録内容
21：00	長男夫婦の悪口続く。興奮して大きな声も。
23：00	巡回する。変化なし。

2月7日	記録内容
0：00	スタッフルームにふらふらと来る。
2：00	やっと入眠する。
4：00	入眠中。異常なし。

記録の意図 大声を出し、なかなか眠らずに困らされたことと、定期的に巡回したことを記録している。

改善のポイント

①内容と効果を書く　観察記録に終わらせず、関わったケアの記録に

「悪口続く」「興奮して大きな声も」「スタッフルームにふらふらと来る」などと、いわゆる「問題行動」を書き並べています。肝心なことは、どのようにスタッフが関わったか、そしてその結果どうなったかという点です。「観察記録」ではなく、「ケア記録」になるように注意しましょう。

②前後の関係を書く　前後の関係がちぐはぐな記録は避ける

なかなか寝つけない様子がうかがえますが、23：00には「巡回する。変化なし」と記述されています。居室にいたのか、変化なしとは落ち着いていたという意味か、それとも21：00の様子から変わらず不穏な状態が続いているのか、はっきりしません。複数の利用者分をまとめて書くと陥りやすい誤りです。

【事例ごとの介護記録の書き方とポイント】

After ▶ 良い記録の例

2月6日	記録内容
21：00	「息子に捨てられた」「嫁が悪い」との訴え続く。「帰る！」と大声で叫ぶことも。ココアを勧め、子育て時代の話を聞くと落ち着く。
23：00	居室に戻り、Pトイレで排尿後、入床する。

2月7日	記録内容
0：00	再び起きスタッフルームに来る。ふらつきあり、車いすに乗る。巡回に車いす介助で同行してもらうと静かにしている。
2：00	ウトウトしている。居室へ行き、ベッドへ入る。
4：00	軽く寝息を立てて眠っている。

　……改善部分

利用者の不安や不満に寄り添う

　夕方から夜にかけて、何となく寂しい気持ちになることは誰でもあります。ましてや夫を亡くし、身を寄せている長男の家では居心地が悪く、とうとう施設に預けられたのであれば、不安も募り、怒りに転化して噴き出てくるのもわかります。たとえ認知症だとしても、自分で状況は理解しているものです。山本さんのそんな気持ちを共有できるかどうかで、ケアの内容も記録の方向性もガラッと変わります。「時間がない」「人手がない」「モノがない」を言い訳にせず、また「問題行動」を直接押さえつけずに、先に信頼関係を築いていくようにすると、不穏な行動は自然に減っていきます。短期間のケア記録の中でそんなプロセスを残せたらいいですね。

第2章　在宅編　夜間（ショートステイ）

在宅編

6 送迎（デイサービス）

サービス利用時の送迎には利用者の暮らしぶりや家族との関わりなど多くの情報が潜んでいます。意識して観察し、改善につなげましょう。

📝 利用者情報

◆家族からの虐待が疑われる利用者の場合

　85歳の伊沢さちさんは夫と青果店を営んでいましたが、18年前に夫を亡くして店を閉め、一人で暮らしていました。4年前から認知症と身体機能低下が進み、現在は長男夫婦と同居しています。

　要介護3で、週3回デイサービスを利用しています。着替えが汚れていることも多く、風呂で見ると身体のあちこちに内出血があり、本人は「転んだ」「ぶつけた」と言います。家族には連絡ノートで報告し、忘れ物もないようお願いしますが、返事はありません。ヘルパーの利用は拒まれています。

日中活動 場面の観察のポイント

- ✓ ・お迎え時の様子はどうか
- ・送迎中の様子はどうか
- ・連絡ノートのやりとりはどうか

- ✓ ・家族の様子はどうか
- ・他の利用者との関わりはどうか
- ・送迎専用スタッフとの情報共有はどうか

【事例ごとの介護記録の書き方とポイント】

記録のための観察とメモ

◆20XX年6月30日の様子

送迎中の様子はどうか
- 窓の外をぼんやり見ている
- ときどき上腕をさすっている

チェック お迎え時の様子はどうか
- 玄関先で不安そうな表情で待っている
- スタッフが挨拶をしても落ち着かない
- 一昨日の通所時と同じ服装をしている

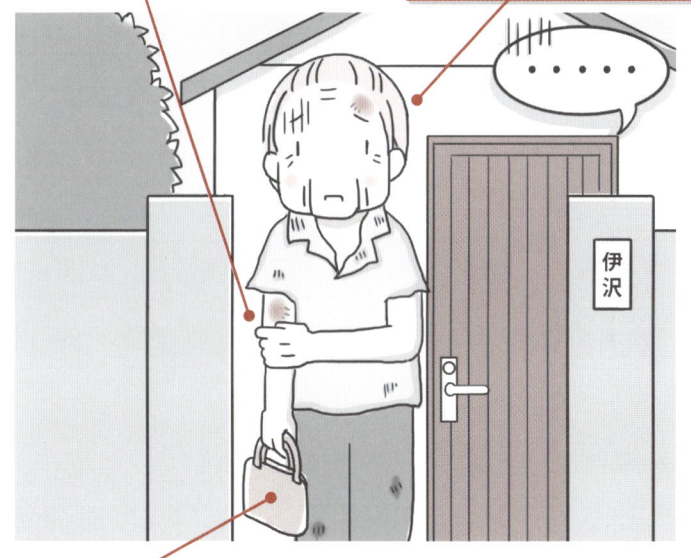

チェック 家族の様子はどうか
- 玄関から「行ってきます」と声をかけても返事がない
- 家族は持ち物を用意せず、本人が汚れた下着を入れている

他の利用者との関わりはどうか
- 知人が乗車してくると笑みを浮かべる
- 隣に座った人の話にうなずいている

連絡ノートのやりとりはどうか
- 事務所から、日中活動の様子を伝えている
- 家族からは一切記録がない

第2章 在宅編　送迎（デイサービス）

Before 良くない記録の例

6月30日	記録内容
送迎	玄関先で不安そうな様子。また汚れた下着しか持っていないので、家族に直接注意指導しようとするが出てこない。本人がかわいそう。 内出血があちこちにあり、また叩かれたに違いない。 「何とかするから」と伝えて安心させる。

記録の意図 虐待が疑われるケースについて、本人の立場に立ったつもりで家族を悪者に仕立て、攻撃している。

改善のポイント

①私情を挟まない 思いは込めても記録には書かない

　介護記録は日記ではありません。「かわいそう」などといった個人的な感想や意見を差し挟むのは適当ではありません。きちんと観察をして事実をありのままに書き記し、スタッフとしてできることをやる。そのことが結局は思いをかなえる一番の力になります。

②勝手に判断しない 警察官や裁判官ではありません

　「また叩かれたに違いない」などと決めつけてはいけません。あくまで「疑わしい」程度にとどめるなど、一方の立場へ肩入れしないようにします。「直接注意指導しようとする」のはおこがましく、家族に会えなくても当然です。また、「何とかするから」と軽々しく口にするのも避けるべきです。

【事例ごとの介護記録の書き方とポイント】

After 良い記録の例

6月30日	記録内容
送迎	玄関先で顔をしかめ、そわそわとした様子で待っている。服着替えていない。手提げの中には汚れた下着しか入っておらず、家族に玄関先から声をかけるも反応なし。 車中では、MMさんの話を聞いており、ときどき笑みあり。 右上腕や左眼周辺に★内出血あり、本人は「転んだ」と言っている。

……改善部分
★表情のほか、皮膚の状態もよく観察し、アザや傷、出血などがないか確認します。別冊P.32の「状態・様子の表現」を参照してください。

第2章 在宅編 送迎（デイサービス）

見えてきた事実をしっかりつかむ

　虐待が疑われる場合は、さかのぼって事実経過を知るうえで参考になるよう、送迎時のほか、入浴介助時に見た全身状態、食事への態度（空腹感）、身に着けている衣服の清潔、そして本人の表情や周囲へ漏らす言葉など、よく注意して観察し、慎重に記録に残しておきます。地域包括支援センターに連絡し、行政やケアマネジャー、他の事業者などとも連携しながら、対処しましょう。送迎時にスタッフが同乗しない場合や、ドライバーが委託の場合などは特に、記録や申し送りで情報の共有を図ることが大切です。

　送り迎えは家族との重要な接点。問題を見つけるだけではなく、挨拶や声かけで家族の煮詰まった気持ちをほぐせればよいですね。

在宅編

7 精神疾患・うつ症状

認知症と見なしていると精神疾患を合わせ持っていることがあります。正しく見極めた対応と記録が望まれます。

利用者情報

◆うつ症状のある利用者の場合

山川芳枝さんは74歳。結婚経験はなく一人暮らし。化粧品の会社で長く働き管理職も務めました。1年前に脳梗塞で倒れ、左側に軽いマヒが残り、要介護1と認定されています。

ヘルパーが週3回訪問して、身のまわりの家事を行っています。ゆっくりと自分で更衣や食事、トイレなどはできますが、だんだん表情が無くなり、服装にも気を遣わず、言葉も減ってきました。3歳年下の妹が月1回ほど訪ねてきますが、いつもぼんやりして受け答えもちぐはぐなので、認知症が始まったのでは、と心配しています。

うつ症状 場面の観察のポイント

- チェック ・表情や活気はどうか
- ・身体の不調や痛みはないか
- チェック ・物忘れはどの程度か
- チェック ・食欲はどうか
- ・話し方や内容はどうか
- ・妄想や幻覚はないか

【事例ごとの介護記録の書き方とポイント】

記録のための観察とメモ

◆ 20XX年12月4日の様子

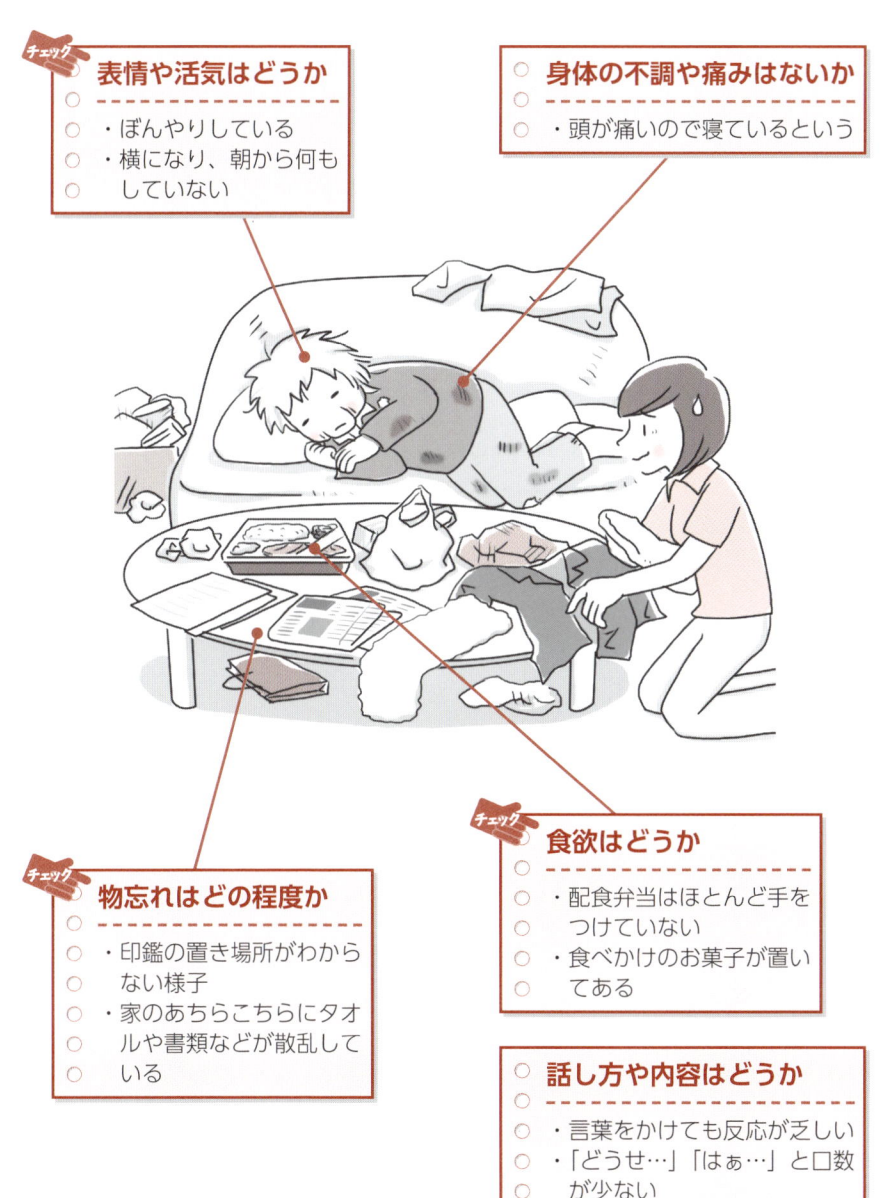

チェック 表情や活気はどうか
・ぼんやりしている
・横になり、朝から何もしていない

身体の不調や痛みはないか
・頭が痛いので寝ているという

チェック 物忘れはどの程度か
・印鑑の置き場所がわからない様子
・家のあちらこちらにタオルや書類などが散乱している

チェック 食欲はどうか
・配食弁当はほとんど手をつけていない
・食べかけのお菓子が置いてある

話し方や内容はどうか
・言葉をかけても反応が乏しい
・「どうせ…」「はぁ…」と口数が少ない

第2章 在宅編 精神疾患・うつ症状

Before 良くない記録の例

12月4日　13:00～14:00	備考
訪問介護　身体（　）　生活（60） □食事（主　　／副　　） ☑清掃（リビング・トイレ　　　） ☑洗濯　☑物干し　□取り込み　□収納 □布団干し　□衣類整理 □買物（　　　　　　　　　　　） □調理　□配膳　☑片付け	ソファーに寝そべり非協力。

記録の意図　実施した内容を項目から選んでチェックし、本人の様子を備考欄でメモしている。

改善のポイント

①観察の視点に注意　状態の理由を探りながら記す

山川さんが横になっているのは間違いないですが、その状態を「寝そべり非協力」と記したのでは、ただの怠け者のようです。ヘルパーの仕事は自立支援とは言え、自分が中心となって利用者に無理に協力させるものではありません。身近な理解者として、本人ができない理由を心身両面から考えて書き込みます。

②食事量もチェック　生活援助は家事に限定しません

生活援助の仕事では、記録でも家事にかかわる部分のみをチェックしがちですが、食事は摂れているか、トイレの汚れから便は出ているか、お風呂は使っているかなど気づくこともあります。項目は身体介護に分類されるものでも、ケアプランに基づきながら確認をします。

【事例ごとの介護記録の書き方とポイント】

After 良い記録の例

12月4日　13：00～14：00	備考
訪問介護　身体（　）　生活(60) ☑食事（主 2 ／副 1 ） ☑清掃（リビング・トイレ　　　） ☑洗濯　☑物干し　□取り込み　□収納 □布団干し　□衣類整理 □買物（　　　　　　　　　　） □調理　□配膳　☑片付け	頭痛あり横になっている。食事はわずかしか摂れていない。

　……改善部分

第2章　在宅編　精神疾患・うつ症状

精神症状にも注目した記録を

　ぼんやりとして活気がない、身づくろいせず家の中が散乱している、物忘れもみられる…といった症状は、高齢者にはありがちで、**認知症の初期なのか、うつ症状なのか、身体の不調の表れなのか見極めの難しいところです。混在していることもあります。**

　特に社会的な役割を失い、親しい人を亡くしたり、自分も障害を負ったりすると精神面にも大きな影響を与えます。認知症の方には、よく昔の話をするとよいとか、できることに目を向けて力を引き出す関わりがよいと言われますが、うつ病の場合、かえって本人を苦しめることにもなりかねません。薬の調整も検討しながら、回復を待つことが望まれます。他職種よりも本人の生活に近づけるヘルパーは、ちょっとした変化を見逃さずに記録していきます。そして一番のよい理解者になりたいものです。

在宅編 8 　認知症ケア

在宅での認知症ケアは、住み慣れた生活環境が有効になる反面、近隣との関係に苦労することもあり、地域との関わり方に配慮が必要です。

利用者情報

◆妄想が現れ行動障害を伴う利用者の場合

北山二郎さん(76歳)は、自動車販売会社を長らく経営してきました。リタイア後、徐々にうつ症状と妄想が現れ、「隣の奥さんが夜中に押入れから出てくる」と言って釘を打ちつけるなどおかしな言動が目立ち始めました。家族は妻と娘がいましたが、離婚し、現在は一人暮らしです。

家の周囲に生ゴミや家具を放置したため、地域包括支援センターのソーシャルワーカーが関わり、専門医によりレビー小体型の認知症と診断されました。現在ヘルパーが生活援助と自費の付き添いで入っています。

認知症ケア 場面の観察のポイント

- ・行動障害や精神症状はどうか
- ・環境はどうか
- ・どのように対応したか
- ・表情や様子はどうか
- ・健康状態や身体状態はどうか
- ・ケアの内容と効果はどうか

【事例ごとの介護記録の書き方とポイント】

記録のための観察とメモ

◆ 20XX年8月14日の様子

表情や様子はどうか
・険しい表情をしている
・外へ出るとぶつぶつと文句を言っている
・駐車場で自動車のことを尋ねると、少し表情が緩む

ケアの内容と効果はどうか
・生活援助で掃除と洗濯を行い、清潔を取り戻している
・外出に付き添い、知人とおしゃべりを楽しんでいる

行動障害や精神症状はどうか
・「犯罪者！」と書いた手紙を用意している
・シャツをジャケットの上から着ている

健康状態や身体状態はどうか
・歩行がややすり足で、足が前に出にくい
・血圧や体温などは正常値

環境はどうか
・自宅の壁や押入れに「来るな」「立入禁止」などと書いた紙を貼っている
・台所まわりに賞味期限切れのものが散乱している
・テーブルやいすを家の外へ出し、床に座っている

第2章 在宅編 認知症ケア

Before 良くない記録の例

8月14日　12：30～14：30	備考
訪問介護　身体（60）　自費（120） ☑食事量（主　　　副　　　） ☑水分補給（　　　　） ☐調理　　　☑配膳　　☑片づけ ☐買物　　　☑外出（　　　　） ☑洗濯　　　☑物干し ☐清掃（居室、トイレ　　　）	食事ほぼ完食。 外出時、ぶつぶつ。 駅前で知人と会った。 ※介護保険の訪問介護と自費のサービスは通常分けて記録します。

記録の意図　実施した内容を簡単にチェックし、ヘルパーが気になったことを備考欄に書き残している。

改善のポイント

①ポイントを的確に　重要な点を詳しく明確に記述する

「外出時、ぶつぶつ」だけではなく、独り言をつぶやいていたのか、特定の場所や家に対して愚痴をこぼしていたのか、内容は聞き取れたのか否かを記録します。「知人と会った」も重要なポイント。独居の北山さんにとって地域との良好なつながりは貴重な情報なので、具体的に詳しく書きましょう。

②記入漏れに注意　必要な項目を押さえましょう

食事量や水分量が記載されていません。どこまで内容を埋めるかはケアプランに則った訪問介護計画書次第ですが、食事量の変化は体調を知るうえで大切な情報です。また、水分量を記録することで摂取を促し、脱水予防につながります。なお清掃も行っているのにチェックが漏れており、要注意です。

【事例ごとの介護記録の書き方とポイント】

After 良い記録の例

8月14日　12：30～14：30	備考
訪問介護　身体（60）　自費（120） ☑食事量　（主9/10　副8/10） ☑水分補給（200cc） □調理　　☑配膳　　☑片づけ □買物　　☑外出（近所　　　） ☑洗濯　　☑物干し ☑清掃　（居室、トイレ　　　）	外では隣の家の前で立ち止まり、「来るなよ」などとつぶやいている。駐車場で車の話を聞くとやや表情緩む。駅前で中学の同窓生（70代女性）に会い、喫茶店へ。旧友の話など思い出せないが話を合わせて笑っている。

　……改善部分

地域と折り合う在宅生活を目標に

　精神症状が強く出ている場合、在宅での認知症ケアにはさまざまなサポートが必要になります。長く会社に勤め、老後も経済的に安定している場合は、自費のヘルパーも活用すると、個別の柔軟な対応が受けられます。

　また、通院して服薬を調整し、きちんと飲むことも大事です。同居の場合は家族との関係、独居の場合には地域との関係が重要なポイント。そこが崩れたり限界を超えると、在宅での暮らしはさらに難しくなります。長く暮らした地域の人間関係や、これまでの仕事や趣味はどう活かせるのか。記録の役割は、それらの情報をきちんと書き、共有していくことです。行動を抑えるものより、逆に行動を促すための記録が望まれます。

在宅編 9

医療的ケア

在宅では家族が主に担ってきた医療的ケアを、難病や障害をもつ方を中心にヘルパーが担う場面が増え、記録の機会も多くなっています。

利用者情報

◆ **胃ろうから栄養を摂取する利用者の場合**

神経難病である筋委縮性側索硬化症（ALS）で飲み込みが悪くなり、口から食事を摂ることが難しくなった飯島晴子さん。62歳で発症し、6年経ちました。現在は介護保険と障害者自立支援法によるサービスを併用し、在宅での暮らしを継続しています。

意思の疎通は文字盤を使って行い、ヘルパーが指し示す範囲や文字が正しければ瞬きで教えてくれます。夫はいませんが娘が2人おり、交替で家に泊まり込んでいます。ヘルパーは朝と夕方に毎日入り、胃ろうからの栄養注入や痰の吸引、清拭などをしています。

医療的ケア 場面の観察のポイント

- チェック
  - ・体調はどうか
  - ・医師・看護師の指示はどうか
- チェック
  - ・ケアの内容は適切か
- ・表情や訴えはどうか
- ・入れる速さは適当か
- チェック
  - ・ケアを行った後に異常はないか

【事例ごとの介護記録の書き方とポイント】

記録のための観察とメモ

◆ 20XX年10月10日の様子

体調はどうか
- 落ち着いて静かに呼吸をしている
- バイタルサインも安定している
- 次女より便通が3日ないとのこと

医師・看護師の指示はどうか
- 栄養剤1回400mlを1日3回注入する
- ベッドの背を30度上げて行う
- 1時間程度の時間をかける

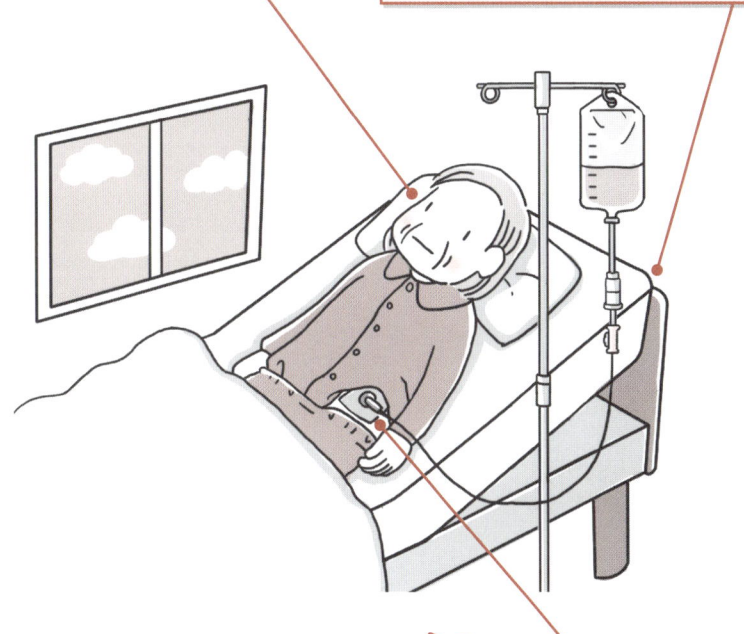

表情や訴えはどうか
- 文字盤で「おはよう、おてんき」と挨拶があった

ケアの内容は適切か
- チューブはきちんと接続され、漏れていない

ケアを行った後に異常はないか
- おう吐や不快感はない
- 表情や顔色は変わらない
- 呼吸は安定している

入れる速さは適当か
- 栄養剤は常温、落ちる速さは80滴／分

第2章 在宅編 医療的ケア

Before 良くない記録の例

10月10日　8：00～10：00	備考
訪問介護　身体（30）　生活（　） 障害者サービス　身体（60）　家事（30） ☑栄養補給　（400cc） ☑水分補給　（80cc） ☑服薬介助　☑口腔ケア ☑起床介助　☑洗面 ☐洗濯　　☑清掃（居室　　　　）	特変なし。 家族よりしばらく便通がないようだとのこと。

記録の意図　チェック形式で内容を記録し、家族から聞いたことと、他は特に変化がなかったことを伝えている。

改善のポイント

①変化を意識する　観察した表情や様子を書き加える

在宅でボトルから胃ろうにゆっくりと栄養剤を落として入れているときは、他に洗濯をしたり、掃除をすることもあります。ただし、ときどきは飯島さんの様子はどうか、一定のペースで栄養剤が落ちているかを必ず確認します。そのつど気づきやちょっとした変化を意識するようにしましょう。

②必要な数値を書く　記録は健康管理の大事なデータ

バイタルサインのほか、食事量、水分量、尿や便の回数などは、在宅での療養生活で健康状態を管理するための大事なデータになります。また、家族からの話がありますが、長女と次女のいずれの話か明らかにしましょう。直近の便がいつ出ていたのかは別の排泄チェック表などで把握し、共有していきます。

【事例ごとの介護記録の書き方とポイント】

After 良い記録の例

10月10日　8：00〜10：00	備考
訪問介護　身体（30）　生活（　） 障害者サービス　身体（60）　家事（30） ☑栄養補給　（400cc）　★胃ろう ☑水分補給　（80cc） ☑服薬介助　　☑口腔ケア ☑起床介助　　☑洗面 ☐洗濯　　☑清掃（居室　　　　）	文字盤で「おはよう、おてんき」とある。窓からの青空に表情良い。経管栄養後も不快の訴えなし。 ご次女、便−3日であると気にされている。

■……改善部分

★ 「栄養補給」の欄を設け、胃ろうと付記しています。医療的ケアの項目がなければ新たに設けるか、書き方のルールを定めます。

ヘルパーならではの視点も加える！

　医療的ケアは、医師の指示のもと、看護師と必ず連携して行うものです。記録の書き方も、事前に必要な内容について確認しましょう。

　もっとも、医療的ケアも生活の一部です。身体状況をよく観察し、吸引や経管栄養の基本的な援助を提供したら、飯島さん自身の生活の質をどう改善させていくか考えます。自宅のベッドで休んでいるのに、まるで病院のベッド上での暮らしそのままになっていないでしょうか。コミュニケーションには時間がかかるかもしれませんが、ちょっとした一言を引き出したり、家族や他の専門職が聞いたコメントを引用したり、「難しい病気の人」ではない飯島さんの素の部分に迫り、記録を暮らしの豊かさにつなげたいものです。

第2章　在宅編　医療的ケア

在宅編

10 家族対応

ヘルパーは、家族の築いてきた特別の空間に入っていく面があります。
生活作法の違いがクレームにつながることもあるので要注意です。

利用者情報

◆こだわりの強い夫をもつ利用者の場合

　82歳の石山よねさんは夫と二人暮らしで、パーキンソン病とリウマチが進行し、要介護4で立位がうまくとれません。78歳の夫は一度軽い脳梗塞発作を起こし、現在、要支援2で、妻へのケアの仕方にこだわりがあります。

　ヘルパーはよねさんの起床介助を行っていますが、服の着方、整容の仕方、移乗時の足の位置、洗面所やトイレの使い方、ゴミの捨て方など、石山家独自の細かいルールがあり、少しでも外れると夫は落ち着かず、事業所や役所に訴えることもしばしばあります。ヘルパーも対応に苦慮しています。

家族対応 場面の観察のポイント

- ・家族の訴えや要望は何か
- ・利用者や家族の状況に変化はあるか
- ・家族間の関係はどうか
- ・家族や利用者の表情や様子はどうか
- ・環境はどうか
- ・ケアの内容と効果はどうか

【事例ごとの介護記録の書き方とポイント】

記録のための観察とメモ

◆ 20XX年1月11日の様子

家族や利用者の表情や様子はどうか
- 二人とも険しい表情をしている
- 夫は常にそばにいて、妻に「大丈夫？ 痛くない？ ごめんね」と言っている

環境はどうか
- ベッドのまわりや枕のまわりに物が雑然と置いてある
- 洗面台やトイレの棚などにも細かい物がたくさんある

家族の訴えや要望は何か
- せっけん、乳液、美容液2種類の順で洗面してほしい
- パッドとおむつは分けて捨ててほしい
- 首の後ろと顔は別のタオルで拭いてほしい
- リウマチの指は痛いので一切触れないでほしい

利用者・家族の状況に変化はあるか
- 指の関節が曲がり、こわばりが強くなってきている
- 夫の指摘事項がさらに細かく、しつこくなっている

ケアの内容と効果はどうか
- サービス提供責任者より、手順書で夫と内容を確認している

家族間の関係はどうか
- 夫の細かさに妻が辟易していることがある
- 夫は妻にほめてもらえないのが不満である

第2章 在宅編 家族対応

Before 良くない記録の例

1月11日　8:00～9:00	備考
訪問介護　身体（60）　生活（　） ☑トイレ介助　　□Pトイレ介助 ☑おむつ交換　☑パッド交換 ☑整容　　☑洗面　　☑口腔ケア ☑更衣介助　☑移乗　　☑移動	また細かい指摘あり（夫様）。 続けていく自信がない。

記録の意図　夫から細かい注意を受けたため、ヘルパーが落ち込んでいることを伝えている。

改善のポイント

①利用者のことを書く　自分についてのコメントは不要

妻について離れず、細かいことを指摘してくる夫の存在は、正直かなりうっとうしいと思います。介助を常に監視されているようで、ヘルパーは大変やりにくいでしょうが、「続けていく自信がない」と弱気になり、それを記録に書いてしまうようではプロとは言えません。ますます夫は厳しくなるだけです。

②家族との確認を意識　萎縮せずに前向きな記録を

提供する内容が細かくなったり、毎回違う内容を求められることがあります。制度利用の場合、訪問介護計画書に基づくサービスが基本なので、サービス提供責任者が詳しい手順書をつくり家族と確認します。何より利用者本人に不利益にならないように、安心感をもたれるコメントが望まれます。

【事例ごとの介護記録の書き方とポイント】

After 良い記録の例

1月11日　8:00〜9:00	備考
訪問介護　身体（60）　生活（　） ☑トイレ介助　　□Pトイレ介助 ☑おむつ交換　　☑パッド交換 ☑整容　　☑洗面　　☑口腔ケア ☑更衣介助　　☑移乗　　☑移動	「よく眠れた」とのこと。左手指の関節のこわばり強い。洗面時の液のつけ方を再度確認（せっけん→乳液→美容液2つ）。

……改善部分

ぶれない記録で家族との信頼関係を

　利用者の家族には、大らかで小さいことにはこだわらず、「あとはいつ死んだって大往生だ！」と言いきる家族もいれば、今までのライフスタイルを大事にして、きちんと几帳面に毎日を送りたい人もいます。生活の価値観は人それぞれ。どれがいいということはありません。

　細かい手順を決めていくとキリがなく、やがてヘルパーも利用者もガチガチになって柔軟性を失います。ヘルパーは身体状況に応じてそのつどやることを調整したいのですが、それができなければ、何かに気づくという視点も失われ、結局本人のためになりません。**利用者本人にとって、本当に必要なことは何かを見極めるために、記録の役割がとても重要になります。**萎縮せずに、家族の求めることとできることとの落としどころを探りましょう。

コラム column

言葉は世につれ場所につれ その人らしさにこだわって

　施設と在宅それぞれ10の場合で記録の事例を見てきました。施設や事業所の種類によって、実際はさまざまな書き方があります。また、記録を書く専門職のこれまでのキャリアによっても、書き方は千差万別になります。

　病院系列の施設の場合や、看護師が多かったり、医療ニーズの高い重篤な利用者が多かったりすると、記録は身体症状や食事・排泄の量などが中心となり、記号や略語なども多用して、医師や看護師が読んでわかりやすい短い文体が好まれるかもしれません。

　逆に、民家を使った宅老所だったり、家族・ボランティア・地域の人の出入りや、認知症の利用者が多かったりすると、記録は主観的な思いも書き込みながら生活を追い、専門用語はなるべく避けて誰が読んでも理解しやすい文章が望まれるかもしれません。

　さらに、時代によって用語の使い方は変わります。10年前には普通に使われていた「痴呆」ですが、今聞くとその差別的な響きにギョッとします（「認知症」に変える厚生労働省の通達が出たのは2004年）。「精神薄弱」や「精神分裂病」といった言葉もそれぞれ「知的障害」（1999年）、「統合失調症」（2002年）に変わっています。同様に、現在はまだ使われている「徘徊」や「問題行動」などは、遠からずなくなっていくものと思われます。

　働く場所や管理職の考え方、一緒にケアに取り組む人たちのキャリアによっても記録の方法にはバリエーションが生まれ、時代によって表現も変化します。しかし、ヘルパーや施設スタッフなどの介護職が、生活を支える専門職として、利用者の立場に立ってその人らしさの尊重に努めるという点は変わりません。

　施設や事業所の気風を見ながらも、こだわりをもった自分ならではの文体をつくっていきましょう。

第3章

事故、ヒヤリ・ハット事例

事故やヒヤリ・ハットの記録は「どのように対応したのかがわかる」ことがとても重要です。介護の場面で多い「転倒」「誤嚥」などの事故、ヒヤリ・ハット場面の記録のコツを、しっかりと覚えておきましょう。

事故、ヒヤリ・ハットの考え方とポイント

心ならずも事故が起きたり、あやうく事故になりかけた場合は、原因や状況、対応を冷静に観察し、正しくありのまま記録に残すことが重要です。記録内容を検証し、危険要因を取り除くことで、その後の事故防止につなげます。

事故にくじけず事実をありのままに書く

　転倒に誤薬、行方不明、利用者間のトラブルなど、生活にはさまざまなリスクがつきものです。事故に出合ったときは、とにかく事実をありのまま、具体的に書くことが大切です。

　大きなケガや容態の急変などに至ると、動揺してしまい、ついあいまいな書き方で事故を隠したり、小さめに評価したり、自分の関与を否定しようとしがちですが、そんな時にこそ、専門職としての真価が問われます。

　事故によって利用者家族と大きな問題に発展することがあるのは、事故そのものの問題以上に、その後の対応の仕方に問題があったと考えられます。事故後、まず行うのは以下の3点です。①必要な救急対応や処置　②看護師や責任者への報告と指示受け　③家族への報告・やるべきことを速やかに行い、経緯をきちんと記録しておけば、必要以上に恐れることはありません。

事故発生
あいまい　過小評価
↓
事実をありのままに記録

事故とヒヤリ・ハットとの違いは？

　ヒヤリ・ハットは、事故とは言えないけれども、危うく事故になりかけてヒヤリとしたり、ハッとしたことを表します。たとえば、転倒して床に倒れれば事故ですが、よろけたところを支えて助けられればヒヤリ・ハットにな

【事故、ヒヤリ・ハット事例】

ります。ただし事業所によっては、ケガがなければ事故とみなさなかったり、ヒヤリ・ハットを意識しないところもあります。これは大変危険です。

1つの重大事故の背景には29の軽微な事故と300のヒヤリ・ハットがあるといいます（ハインリッヒの法則）。常に危険を予測し、事故を防ぐようにするためには、なるべく幅広い事例を取り上げ、「2、3歩足がふらついた」など、ちょっとしたことでも記録に残していくようにします。

事故報告書など他の帳票とつながる記録を

第3章で扱っている事故とヒヤリ・ハットの記録は初動の記録で、さらに詳しい発生状況と経緯をまとめたものが事故報告書です。

事故の原因を分析し、利用者家族の意向や思いを踏まえ、今後の事故防止の方策を検討し詳しく記述します。管理職が確認して指導助言を加え、全体で共有することで再発の防止に努めます。緊急でカンファレンスを行い、対策を話し合ったうえで記録に残しておけば、ケアの実践につながりやすくなります。

そのほか、業務日誌にも事故の発生記録を残し、連絡ノートに当座の注意事項などを書き、口頭で申し送りを行います。事故は避けるに越したことはありませんが、起きてしまった場合の記録を丁寧かつ誠実に行うことが、その後のケアの質を左右するでしょう。

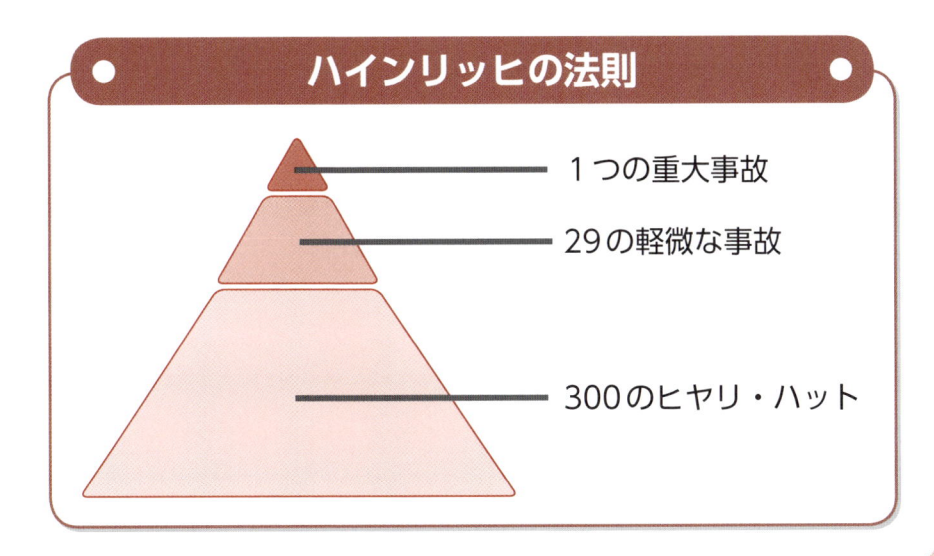

ハインリッヒの法則

- 1つの重大事故
- 29の軽微な事故
- 300のヒヤリ・ハット

事例：事故

1 転倒（施設）

施設で最も多い事故、ヒヤリ・ハットは転倒です。100％避けることは困難ですが、記録や報告書を活かして転倒防止に取り組みましょう。

❗ 発生状況

　笹井ミキ子さんは90歳。深く刻まれた皺（しわ）からは、長年にわたる奉公での苦労がうかがえます。認知症があり、骨粗しょう症と高齢による筋力低下で歩行がだんだん難しくなってきました。なんとか杖を使って歩いていますが、杖を忘れて伝い歩きをしていることもあります。夜間はベッド脇にポータブルトイレを置き、スタッフの声かけと見守りで移乗していますが、自力で移っている場合もあります。「人様の手は煩わせんのじゃ」が口癖で、手を貸そうとすると嫌がりますが、外出時は車いすを渋々使っています。

◆ フロア内のテーブルの間で横たわっているところを発見

観察と対応のポイント ● ● ● ●

- 出血や傷、あざはないか
- 表情や痛みの訴えはどうか
- 意識状態やバイタルサインはどうか
- 杖の使用や周囲の様子はどうか
- 医療関係者や責任者、家族への連絡はどうか
- ケアの内容と対応はどうか

【事故、ヒヤリ・ハット事例】

状況確認と対応

◆ 20XX年3月25日　7時10分

ケアの内容と対応はどうか
- スタッフ二人で抱えて起こし、近くのいすに座った
- 本人はすぐ自分の席へ移動しようと立っている

出血や傷、あざはないか
- 右眼の上に腫れと内出血
- 右の手首に軽いすり傷

意識状態やバイタルサインはどうか
- ややぼんやりしているが言葉を返すことができる
- 体温36.3℃、血圧133/88、脈84

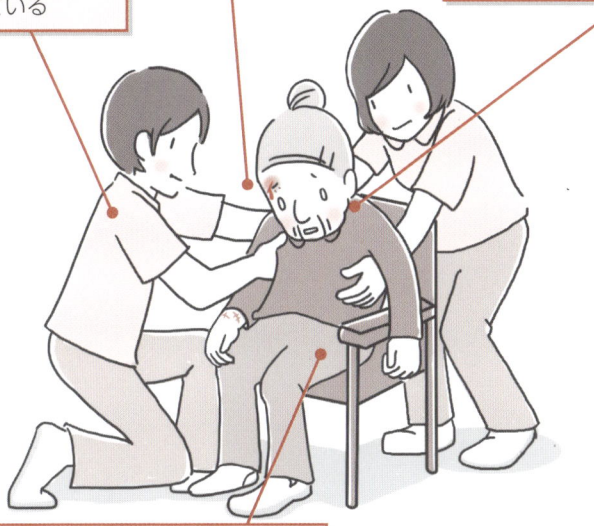

表情や痛みの訴えはどうか
- 「へっちゃら」と言っている。大腿骨の上のあたりを押しても表情変わらず
- 右眼の上を触ると、「ぜんぜん…、痛くない…よ」と痛そうな表情で言う

杖の使用や周囲の様子はどうか
- 杖はいすのところに置き忘れていた
- 笹井さんが向かった先に、お茶をこぼしてそのままの人がいた

医療関係者や責任者、家族への連絡はどうか
- 看護師に報告。額の近くを打っているので、看護師出勤後様子をみて病院受診する
- 家族は「またですか、お任せします」とのコメント

第3章　事例1　転倒（施設）

149

Before 良くない記録の例

3月25日	記録内容
6：30	起床、更衣。見守りにてフロアへ移動。
7：10	フロアで転倒している。
	痛みははっきりしない。右眼の上に腫脹あり。
	看護師に報告し、二人で抱え上げいすに座る。
7：20	バイタルは正常。自席に移ろうと立ち上がるので、支えて移動する。

記録の意図 笹井さんが転んでいたことと、その後の対応を簡潔に記録しようとしている。

改善のポイント

①想像をまじえない ▶ 見た通りのことを書く

転ぶ場面を見ていなければ「転倒」とは書きません。フロアのどこでどのような状態でいたのか、見つけたときの様子をありのままに記録します。転倒のほかベッドからの転落、車いすからのずり落ちなど、スタッフの見ていないところで起こった事故については、思い込みで書かないことが特に重要です。

②事実だけを書く ▶ 決めつけやあいまいさは避ける

「バイタルは正常」とは書かず、測定した値をそのまま書きます。「痛みははっきりしない」についても、本人が問いかけにどのような反応したのか、部位によってはどうなのか、その通りに詳しく書きます。「腫脹」は腫れという意味ですが、家族が読んだときにわかりにくい用語は避けます。

【事故、ヒヤリ・ハット事例】

After 良い記録の例

3月25日	記録内容
6：30	起床、更衣。見守りにてフロアへ移動。ややふらつきあり。
7：10	フロアで音がしたので行くと、中央の床に右側を下にして横たわっている。右眼の上に腫れあり。「へっちゃら」と言いながらも、腫れをさわると痛そうな表情をする。ほか外傷なし。
7：20	体温36.3℃、血圧133/88、脈84。看護師に報告すると、様子を見て受診するとのこと。安静に移動を試みるも、本人が立とうとするため、二人で抱え上げいすに座る。すぐに自席に移ろうと立ち上がるので、支えて移動する。

■……改善部分

次の事故を防ぐための「転ばぬ先の杖」に

　転倒にはいろいろな原因が考えられます。筋力低下、動作の失敗、認知症による杖や歩行器の置き忘れ、疲労など利用者側の問題もあれば、見守りの不充分さや介助の誤り、薬の副作用によるふらつきなどケアの問題もあります。また、用具の導入や家具の配置、手すりや段差など環境上の理由もあるかもしれません。詳しくは、別途「事故報告書」を作成し、それぞれの要因について分析のうえ、再発防止に役立てます。「介護記録」は初動の記録として、必要事項を押さえておきましょう。
　なお、転倒の場合は骨折や脳内出血に注意が必要です。疑わしいときは動かさずに救急対応を行うのが鉄則です。

第3章 事例1 転倒（施設）

事例：ヒヤリ・ハット

2 車いす事故

車いすはとてもよく使われる福祉用具ですが、操作を誤ると重大な事故につながります。本人の目線で移動の実際を心得ておきましょう。

❗ 発生状況

　神田勝吉さんは83歳。4歳年下の妻と2人で暮らしています。長く役所に勤めており、年金や貯金で生活にはゆとりがあります。足の筋力が衰え、なんとか立つことはできますが、歩くことはできません。もともと外へ出かけるのが好きで、月に2回は自費のヘルパーと車いすで外出しています。公園や買物、映画、食事など毎回いろいろなところへ行くことを楽しみにしています。2か月ほど前から、たまに認知症の症状が見られるようになり、会話がちぐはぐだったり、思わぬ動きをされるので注意が必要です。

◆ 車いすからの移乗時に転びかけた

観察と対応のポイント ● ● ● ●

・出血や傷、あざはないか

・表情や痛みの訴えはどうか

・ケアの内容と対応はどうか

・利用者の動きはどうか

・周囲の環境や人の動きはどうか

・車いすの状況やステップはどうか

【事故、ヒヤリ・ハット事例】

状況確認と対応

◆ 20XX年10月10日　13時00分

- 出血や傷、あざはないか
  - ・右手をテーブルに強くついたため赤い
  - ・右足のふくらはぎにあざ

- 表情や痛みの訴えはどうか
  - ・「あれあれあれ…、おかしいぞ」と言っている
  - ・痛みはないですかと聞くと「ん、カラスミもいいですね」との返答

- 利用者の動きはどうか
  - ・車いすのステップに足を乗せたまま立ち上がろうとした
  - ・車いすともども前に倒れ込みそうになった

- ケアの内容と対応はどうか
  - ・ヘルパーはブレーキペダルを踏んでいた
  - ・とっさに前にまわり、身体を支えた

- 周囲の環境や人の動きはどうか
  - ・周りの客が驚いている
  - ・ウェイターが大丈夫か声をかけ、テーブルクロスやいすを整える

- 車いすの状況やステップはどうか
  - ・ステップが下がったまま
  - ・後輪が上がって右前に大きく傾き、音を立てて戻る

第3章　事例2　車いす事故

Before 良くない記録の例

10月10日　11：30～14：30	備考
訪問介護　身体（　）生活（　）自費（3 h） ☑食事介助（主　10／副　10） ☑水分補給（　200cc　） □調理　　　□配膳　　□片付け （献立　　　　　　　　　　　　） ☑服薬介助　□薬の塗布・貼付 ☑買物　☑外出（仏料理店シェモア）	レストランでいすに移るとき、本人が慌ててよろめいた。

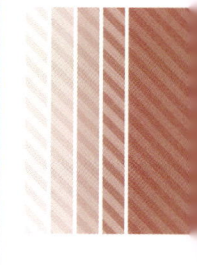

> **記録の意図**　車いすからレストランのいすへ移る時に、転倒しかけた様子を簡単に記している。

改善のポイント

①原因を探る　本人のせいにしない

　備考欄に、「本人が慌ててよろめいた」とありますが、本人が急いだのが悪かった印象をもちます。ヘルパーは無意識に責任を押しつけていないでしょうか。事故の原因は、本人のほか、介護や環境の側にもあるもの。状況をなるべくフェアーに書き記しましょう。

②書きすぎない　項目を無理に埋めない

　実施記録の書式があると、つい当てはまるものをチェックしようとするものですが、自費で楽しみに出かけるケースなどでは、あえて書く必要がないこともあります。利用者がただ自分の困っているところのフォローを希望していれば、細かい記録は控える態度が望まれることもあります。

【事故、ヒヤリ・ハット事例】

After 良い記録の例

10月10日　11：30〜14：30	備考
訪問介護　身体(　)生活(　)自費(３h) ☑食事介助（主　　／副　　） ☑水分補給（　　　　　　） □調理　　　□配膳　　□片付け (献立　　　　　　　　　　　) ☑服薬介助　□薬の塗布・貼付 ☑買物　☑外出（仏料理店　　　）	レストランで車いすからいすに移るとき、フットレストを踏んで急に立ち上がり、車いすごと前に転びかけた。

■……改善部分

福祉用具の取扱いは重大事故につながりやすいので要注意！

　今回のヒヤリ・ハットは、ブレーキをかけている一瞬に、神田さんがとった予期せぬ行動をヘルパーが予測・察知できなかったために起こりました。認知症が進みつつある状況を理解していれば、危険を見通してあらかじめ丁寧に言葉をかけながら車いすを止めるといった対応がとれたかもしれません。ほかにも車いす利用中の事故としては、座位が安定せずにずり落ちる、ブレーキをかけ忘れ、移乗時に揺れて座り損ねる、狭い場所で手が外へ出ていたために巻き込まれる、足がフットレストから落ちていて引きずるなども想定されます。ヒヤリ・ハットを記録することで、その後の注意を促します。加えて、実は車いすのサイズやクッションが合っていないことが根本の原因かもしれません。記録は理学療法士や福祉用具相談員などに相談する材料にもなるでしょう。

事例：ヒヤリ・ハット

3 服薬ミス（施設）

服薬の援助には細心の注意が必要です。薬の取り違え、服用時間のミス、飲み忘れ、錠剤を落とすなどは、ケアの工夫で回避できます。

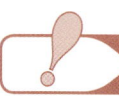

❗ 発生状況

　富山イチさん（82歳）は両足の筋力低下と年相応の物忘れはありますが、認知症はなく、おしゃべり好きの明るい人柄です。

　糖尿病と高血圧を患っており、薬を食前に1錠、食後に3錠飲んでいます。特に食前の薬は血糖値を下げる薬なので、本人も飲み忘れないようにふだんから注意しています。薬局では食前・食後それぞれ薬を一包化して出しており、スタッフが富山さんに水の入った湯飲みと一緒に袋ごと渡すと、自分で破いて薬を手のひらに乗せ、ポンと口の中に放り込み、水で飲み下します。

◆テーブルに落ちた薬を隣の利用者が飲もうとした

観察と対応のポイント ● ● ● ●

・薬の種類、飲む時間は正しいか

・薬の取り違えはないか

・服薬行為の自立度はどうか

・きちんと飲めているか

・見守りや介助はどうか

・ケアの内容と対応はどうか

【事故、ヒヤリ・ハット事例】

状況確認と対応

◆ 20XX年4月8日　17時50分

薬の種類、飲む時間は正しいか
・血糖値を下げる薬を食前に飲む
・袋に「夕食前」と書いてあるのを確認

ケアの内容と対応はどうか
・富山さんが大きな声で叫んだためスタッフが気づき、誤って飲む寸前のところで止める
・ヒヤリ・ハットとして記録し、情報を共有する

薬の取り違えはないか
・袋に書いてある名前「富山イチ様」を確認

服薬行為の自立度はどうか
・袋ごと渡すと、自分で破き、手のひらに乗せて水と一緒に飲む
・薬の内容を理解している

きちんと飲めているか
・隣の人に話しかけられ、手のひらに薬を出し損ない、テーブルの上に落とした
・転がった先に座っていた認知症の利用者が、手を出して薬を飲もうとする

見守りや介助はどうか
・袋を渡した後はその場を離れた

第3章　事例3　服薬ミス（施設）

Before 良くない記録の例

4月8日	記録内容
17：50	薬を落とし、隣のMAが飲みそうになる。 あわてて取り上げて、MAに厳しく注意した。 拾って今度は、しっかりと飲んでもらった。

記録の意図 薬を落とした事実と対応を取り上げている。原因はMAさんが手を出したことだと考え、注意したことを記載。

改善のポイント

①原因に触れる ▶ 再発防止のために必要なことに言及する

　今回、誤薬事故は避けられましたが、今後も充分起こりうる事例です。肝心なのは再発を防ぐための手立てにつなげること。文章からは、隣のMAさんが悪かったように読めますが、認知症の利用者が隣にいれば、落ちたものに手を出すリスクはあります。予防を怠ったスタッフ側にも原因があります。

②主語を書く ▶ 誰が何をどうしたかをはっきりと

　2行目の文章には主語がないため、あわてて取り上げたのは富山さんなのか、スタッフなのか、はっきりしません。スタッフが他の利用者に対し行ったことだとすると、富山さんの記録の中で記述するのは不適当です。また、「様」や「さん」が抜けて、呼び捨てになっています。「しっかり」というのも、わかりにくい表現です。

【事故、ヒヤリ・ハット事例】

After 良い記録の例

4月8日	記録内容
17：50	薬の袋を渡した後、大声がするので見ると、薬がテーブルを転がり、隣のMAさんが手を伸ばしていた。スタッフが薬を拾い、渡す。本人「びっくりした、手に乗せ損ねてしもた」と言っている。 あらためて水を渡し、薬を飲み終えるまで★見守り確認する。

……改善部分

★見守りという言葉はよく使いますが、ただ眺めているだけではありません。注意して観察し、事故の危険性はないか、いつでも手を出せるような状態で待機することを意味します。

服薬介助には細心の注意を

　服薬の際、認知症の利用者に対しては、薬を口に入れてさらにのどから飲み込むまでを確認していたとしても、自立の利用者に対しては、つい安心して任せてしまいがちです。

　このケースの富山さんも、ふだんから自分で服薬できているだけに、「大丈夫だろう」と思い込んでいたことから、事故が起こりかけました。「〜だろう」と思わずに「〜かもしれない」と考えることが大切です。ヒヤリ・ハットの記録は、起こりうる事故を予測するうえで大変役立ちます。薬箱の管理や名前の声かけ確認、一覧表記入などのチェックとともに、本人の能力や隣の人を含めた環境にも注意が必要です。

　ヒヤリ・ハットの記録をきっかけに、それらへの目配りを意識することが、再発防止につながります。

第3章　事例3　服薬ミス（施設）

事例：事故

4 誤嚥・窒息（在宅）

のどに食べ物を詰まらせ、窒息状態が続くと命に関わる事態になります。あわてずに即応することが何より大切です。

❗ 発生状況

　近藤知世子さん（86歳）は一人暮らし。脳卒中の後遺症で右手足にマヒが残っているほか、軽度の認知症と診断されています。隣の市に住む娘さんが週末だけ来てご飯をつくったり、掃除や片づけなどを手伝っています。食事は夕食のみ配食サービスを利用し、あとは3軒隣にある商店でおにぎりやパンを買ってきて済ませています。

　週2回ヘルパーが訪問して掃除と洗濯を行っていますが、寝る時間が不規則で、日中ウトウトしていることもあれば、お腹がすいたと言ってパンやお菓子をつまんでいることもあります。

◆居間で呼吸ができずに苦しんでいるところを発見

観察と対応のポイント

- 呼吸をしているか
- 表情や意識状態はどうか
- ケアの内容と対応はどうか
- バイタルサインや様子の変化はどうか
- 事業所、責任者、家族、救急隊への連絡はどうか
- 原因や状況はどうか

【事故、ヒヤリ・ハット事例】

状況確認と対応

◆ 20XX年11月3日　15時10分

○ **ケアの内容と対応はどうか**
- 口の中を覗くが異物は見えない
- うつむかせ左手で胸を支えながら、右手で強く背中を叩く
- 繰り返し叩き、口の中を確認するとパンのかけらがあり、指で取り出す

○ **呼吸をしているか**
○ **表情や意識状態はどうか**
- 呼吸ができず、首を手で押さえて苦しんでいる
- 顔色が真っ青に変わっている
- うーう…とうめいている

○ **バイタルサインや様子の変化はどうか**
- 顔色に赤みが戻ってくる
- 深呼吸をすると落ち着いてくる。「ひゃー驚いた、死ぬとこだった」とのこと
- 体温36.8℃、血圧148/99、脈92

○ **原因や状況はどうか**
- テーブルの上にあった食パンの残りを食べていた様子
- ヘルパーは洗濯場にいて、すぐ気づかなかった

○ **事業所、責任者、家族、救急隊への連絡はどうか**
- 事業所に報告、念のため今後の対応を「救急相談センター」#7119へ聞く
- 様子を見てよいとのこと。娘さんへも報告する

★「救急相談センター（救急安心センター）」は東京や大阪などに設置されているもので、救急車を呼ぶかどうか迷ったときや応急処置について相談できる窓口です。

第3章　事例4　誤嚥・窒息（在宅）

Before 良くない記録の例

11月3日　14：00～15：00	備考
訪問介護　身体（　）　生活（60） ☑水分補給（200cc） □調理　　□配膳　　□片づけ ☑シーツ交換　　☑洗濯 ☑物干し ☑清掃（居室、トイレ、台所　　）	パンを詰まらせ、青くなって首を押さえ苦しむ。背中を何回か叩くと出る。 本人驚いた様子、経過を見ることにする。

記録の意図　パンをのどに詰まらせ窒息しかかっている様子と対応について備考欄でまとめている。

改善のポイント

①思い込みを避ける　見た通りに書く

事故の場合は、特にヘルパーとして発端からどのように関わったか、どう対応したかを書くことがポイントです。「パンを詰まらせ」から書くと、食べるところから立ち会っていた印象になり、注意義務はそこから発生します。実際は洗濯場にいたので、事実と異なってしまいます。

②事態を明快に　あいまいな言いまわしを避ける

切迫した様子は伝わりますが、「青くなって」は何が青くなったのか、「何回か叩く」とはどのくらいか、「驚いた様子」はどういった表情や言動が見られたのかはっきりしません。また、「経過を見ることにする」ことをヘルパー単独では決められません。誰に確認したのかを書きます。

【事故、ヒヤリ・ハット事例】

After 良い記録の例

11月3日　14:00〜15:30	備考
訪問介護　身体 ★(30)　生活(60) ☑水分補給（200cc） □調理　□配膳　□片づけ ☑シーツ交換　☑洗濯 ☑物干し ☑清掃　（居室、トイレ、台所　）	洗濯場から戻ると真っ青な顔で首を押さえ苦しんでいる。背中を強く5、6回叩き、口の中を確認するとパンのかけら（直径4cmの球状）が出てくる。事務所の山田に連絡のうえ、#7119に聞くと経過観察するよう言われる。娘さんにも報告する。

……改善部分

★訪問介護の時間は30分延びています。取り扱いはあらためてケアマネジャーに確認します。

日頃から緊急時に備えたシミュレーションを！

　高齢者は嚥下機能が低下しているため、飲み込みがうまくできず事故につながることが少なくありません。ヘルパーなどの介護職は、食事の形状や軟らかさなどが適当か、むせ込みが増えていないか、食事の様子を間近で見られる強みを活かしてよく観察し、記録に残しましょう。

　事故やケガの際、「救急安心センター」を活用するのも一案ですが、連絡できる主治医や看護師を事前につくっておくことが望まれます。**緊急時の対応の記録は、速やかにできうることを行ったか、判断指示を仰ぐ局面があったかがポイント**になるでしょう。

第3章　事例4　誤嚥・窒息（在宅）

事例：事故

5 行方不明（施設）

拘束や監視に頼らずに、一人で外へ出かける自由と、戻れなくなった時の安全を両立させるには、日頃の準備と予防が大切です。

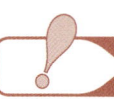

発生状況

本岡平八さん（78歳）は、貿易会社の営業課長として、長く海外を飛びまわってきました。ロンドンでの生活が長く、会話の中にも時折英語がまじります。施設に入居当時は近所を一人で散歩していましたが、認知症が進み、行方不明になることが増えてきました。

一度は夕方に出かけたまま、翌朝10kmほど離れた町の駅で発見されています。歩行はしっかりしていますが、長時間になるとふらつきが出てきます。後をつけたり、あらかじめ一緒に散歩したり、施設内で気を紛らわすなど、いろいろ対策を試みています。

◆ フロアにも居室にもおらず、一人で外へ出て行っている

観察と対応のポイント

・所在を確認したのはいつか

・服装や持ち物はどうか

・行き先は想定できるか

・気候条件はどうか

・家族や警察への連絡はどうか

・発見されてからの対応はどうか

【事故、ヒヤリ・ハット事例】

状況確認と対応

◆ 20XX年7月20日　午後の様子

家族や警察への連絡はどうか
・施設内を探して不在を確認、すぐに家族へ連絡する
・スタッフが近所を探すが見つからず、警察へ連絡する

服装や持ち物はどうか
・青い半袖シャツにベージュのズボン、黒い革靴、茶色い帽子
・チラシや財布の入ったセカンドバッグを抱えている
・財布には400円くらいの小銭が入っている

行き先は想定できるか
・公園の先のコミュニティセンターに入って涼むことがある
・駅前の喫茶店で注文せず新聞を読んでいることがある

発見されてからの対応はどうか
・駅前の交番から連絡がある
・保護されており、お茶と着替えを持って迎えに行く

気候条件はどうか
・日差しが強く、最高気温は34℃まで上がる予報

所在を確認したのはいつか
・12:30　食事を食べ終わり、服薬を確認している
・13:00　居室で横になっているのをスタッフが見ている

第3章　事例5　行方不明（施設）

165

Before 良くない記録の例

7月20日	記録内容
13：00	居室で横になっていたようだ。
13：30	脱走して徘徊している。家族に連絡し、反省を伝える。事故に遭わないか心配でたまらない。
13：45	手分けして探す。Mコミュニティセンターなど。
14：00	警察に通報し、早急な身柄の確保を求める。
16：30	警察から保護したとの連絡あり。家族へ伝え、迎えに行くとくたびれた様子。帰りは拒否なし。

記録の意図 行方不明になり、警察に連絡して探したことを時系列で簡潔にまとめている。

改善のポイント

①経緯を詳しく書く スタッフがすべきことをした証しに

行方不明事故は避けなければならず、発生の防止が必要です。ただし、実際に起きたときは、スタッフの立場でやれることを誠実に行ったことをきちんと記録します。介護事故で不信感をもたれるのは、事故より、その後の対応が遅く不充分であったためです。個人的な反省や心配は後まわしにします。

②本人の目線で書く 言葉づかいにケアの質が表れます

外へ出かけていくことを「脱走」とは言いません。自分たちの施設は監獄と同じと認めているようなものです。「徘徊」も目的なくウロウロすることなので、本人の立場からは当てはまらない用語です。「通報」「身柄の確保」「拒否なし」などの記述にも、どういった視点でケアを行っているかが表れています。

【事故、ヒヤリ・ハット事例】

After 良い記録の例

7月20日	記録内容
13：00	居室で横になり、週刊誌を見ている。
13：30	居室にも施設内にも不在。ご長女に連絡する。
13：45	スタッフ1名で東町・南町を探し、Mコミュニティセンターや喫茶店Hには不在。見かけたら連絡をくれるよう依頼する。
14：00	警察に連絡し、特徴を伝え協力を依頼。
16：30	K駅前の交番から、保護しているとの連絡あり。ご長女へ連絡。すぐには行けないとのこと。
16：50	迎えに行く。落ち着いており、外傷などはなく、服装も汚れていない。「くたびれた」「切符が欲しい」等と話す。車は嫌がることなく乗り込む。

……改善部分

発生と再発の防止に役立つ記録を

　通常の介護記録は、利用者本人の様子やケアの内容を書きますが、本人が外へ出てしまい、不在になった場合も同様に、行ったこと（探した先や得た情報など）を書き込みます。

　施設によって対応のマニュアルは異なり、警察にすぐ連絡する場合もあれば、近所の商店や公民館などなじみの場所に協力をお願いする場合もあります。住民団体や地元の会社、介護事業者などが連携を図る「SOSネットワーク」をもつ地域も増えてきました。協力者に探してもらいやすいよう、**行方不明になるおそれのある人については、更衣時に必ず服装を記録し、写真や特徴をまとめた記録を用意しておきます**。原因と再発防止については、事故報告書で詳しく記録します。

6 事例：ヒヤリ・ハット
トラブル（施設）

複数の人が同居する場所では、利用者間のトラブルはつきものです。喜怒哀楽は尊重しつつも、事故を回避するための配慮が必要です。

! 発生状況

　本島トクさんは91歳で、12年前に夫を亡くしました。長女は結婚して遠くに住んでいるため年1、2回ほどしか会えず、長男は独身ですが海外で働いており、何年も帰国していません。
　認知症が進んで独居が難しくなり、半年前にグループホームに入居しました。耳が聞こえにくく、筋力の衰えもあります。もともと下町で青果店を営んでおり、元気な大声が特徴ですが、べらんめぇ口調が時には誤解されることもあります。施設では他の入居者と買い物に出かけ、野菜の下ごしらえなど料理も率先して行っています。

◆ **昼食の仕度中、言い争いになり杖で叩かれそうになる**

観察と対応のポイント

・原因は何か

・それぞれの言動はどうか

・ケガはないか

・バイタルサインはどうか

・他の入居者はどうか

・ケアの内容と対応はどうか

【事故、ヒヤリ・ハット事例】

状況確認と対応

◆ 20XX年1月10日　11時10分

ケアの内容と対応はどうか
- 本島さんを支えた後、「大根はどうする？」と尋ねて気を紛らわす
- KYさんの脇でMKさんに新聞紙をたたんでもらう

バイタルサインはどうか
- KYさん（男性）の顔が赤くなっており、スタッフが「大変、大変」などと言いながら血圧を測る。やや高いが、計測で気を紛らわす
- 本島さんは落ち着いてから測る

他の入居者はどうか
- MKさんはテーブルの上の新聞紙を片づけ始める
- MKさん以外は黙って見ていたり、苦笑いをしている

ケガはないか
- 杖はかすりそうになるが当たらない
- よろけたところをスタッフが気づき、手を添えてワゴン台をつかむ

それぞれの言動はどうか
- KYさんが「うるさいんだよ」と怒鳴り、杖を振り上げる
- 本島さんは「やるか！」「そういうときは動けんのか」と言い返しながら、よろけている

原因は何か
- 本島さんが野菜を切りながら「忙しい忙しい」「あたしも楽がしたいよ」とKYさんらのいるテーブルで言う
- KYさんの返事「すまねえ、あんがとぅ」が聞こえず、「黙って座ってりゃメシが出てくるんだから」と大声で言う

第3章　事例6　トラブル（施設）

169

Before 良くない記録の例

1月10日	記録内容
11：10	野菜を切りながら大声で嫌味を言ったため、KYさんが激怒し、杖で叩かれそうになる。その拍子によろけるが、転ばないでよかった。
11：30	大根をおろし、お皿に鮭と一緒に丁寧に盛りつけている。

記録の意図 トラブルの場面を簡潔に記入し、転ばないで済んだことに安堵している。

改善のポイント

①危険な点を書く　トラブルのリスクはどうであったか

「転ばないでよかった」とありますが、叩かれてケガをする危険があったのも事実です。KYさんが振り上げた杖はどうなったのか、本島さんの身体のどの部分に当たりそうになったのかを記録します。スタッフが見えなかっただけで、実際にはかすっており、後から影響が出てくる可能性もあります。

②ケアの内容を書く　どのような対応をしたのか

簡潔に書くのも大事ですが、ポイントを絞って必要事項を押さえましょう。他のスタッフが読んだときに、会話の中身や対応の流れなどがわかると、次に同じような状況になりかけた場合、すぐに対処できます。KYさんの記録の中でも同様に、杖を振り上げるに至った原因を書いておきましょう。

【事故、ヒヤリ・ハット事例】

After ▶ 良い記録の例

1月10日	記録内容
11：10	野菜を切りながら「楽がしたいよ」と言い、KYさんの「あんがとぅ」という言葉が聞こえず「座ってりゃいいんだから」と大声で言ったため、怒ったKYさんに杖で叩かれそうになる。腕の左側をかすりそうになるが避け、よろけたため手を添えて、右手でワゴン台をつかんでもらう。転倒なし。
11：30	続いて大根をおろしてもらうと、「男はダメだ」と言いながら熱心に行う。お皿に鮭と一緒に丁寧に盛りつけている。

……改善部分

第3章　事例6　トラブル（施設）

トラブル防止に役立つ記録を

　集団生活にトラブルはつきものです。大きな施設では相性の合わない人とは離れて過ごすことも可能ですが、小規模な生活単位で過ごす場所では、おのずと人間関係も濃くなりがちです。まして世代もバックグラウンドもバラバラであれば共同生活は難しくて当たり前。記録もおのずと、**他の利用者との関係をきちんと押さえていく**ことになります。

　短期記憶の障害で、すぐに忘れてしまうように見えても、「恐かった」「嫌な気がした」「不安だった」「むかついた」「許せない」などの感情は残ります。それが蓄積すると、いつまた爆発するかわかりません。耳が遠い、記憶があやふや、長老の意地がある、障害があるなどの**個性を見極め、トラブル防止に役立つ記録**を心がけましょう。

事例：事故

7 災害（施設）

地震や火災、大雨、台風など、災害はいつ起こるかわかりません。あわてずに落ち着いて行動し、ケアにつながる記録を残しましょう。

! 発生状況

　島田つねさんは1917年東京生まれ。幼少の頃に関東大震災で焼け出され、炎で空が焼けて大勢の大人に囲まれて逃げ歩いた記憶がかすかにあります。また、20代のときには空襲を経験。子どもとともに防空壕に避難しましたが、近くに焼夷弾が落ちて埋もれかかりました。近所づきあいがよく、町内会では役員を務め、9月1日の防災の日には率先して消火訓練や避難訓練を行っていました。

　大きな病気はありませんが、90歳を過ぎた頃から体力や筋力が衰え、今は車いすを使って移動しています。

◆おやつづくりをしていたところ、突然の揺れに襲われた

観察と対応のポイント ● ● ● ●

・ケガはないか、安全は確保できるか

・災害の程度はどうか

・避難の必要はあるか

・食料や水の備蓄はあるか

・家族への連絡はどうか

・スタッフの確保はどうか

【事故、ヒヤリ・ハット事例】

状況確認と対応

◆ 20XX年6月17日　14時50分

避難の必要はあるか
・揺れが収まったので様子を見る

家族への連絡はどうか
・ケガがなかったので自粛した
・家族から電話があった人には対応した

第3章　事例7　災害（施設）

災害の程度はどうか
・大きな揺れが1分ほど続く
・テレビの地震速報で震度4と伝えられる
・ガスが止まっている

ケガはないか、安全は確保できるか
・戸棚の上からぬいぐるみが落ちてきて当たるがケガはない
・ホットプレートの電気はすぐオフにする

食料や水の備蓄はあるか
・厨房に5日分の非常食と水が保存してある
・ガス調理ができず献立を変更している

スタッフの確保はどうか
・電車が止まり、夜勤者1名が来られない
・早番1名が延長、近隣のスタッフに連絡して交替を頼む

173

Before 良くない記録の例

6月17日	記録内容
14：50	おやつづくり中、強い揺れを感じる。戸棚の上のものが落ちてくるが気づかない。さすがだと思う。
15：30	おやつを食べる。子どもの頃の地震の思い出話をうかがい、聞き入ってしまった。

記録の意図 地震の揺れや物が落ちてきても動じない様子に感嘆しているスタッフ自身の気持ちを書き記している。

改善のポイント

①感想日記にしない　スタッフの気持ちは行間から

　介護記録はブログや個人的な日記ではありません。事実を拾い、主観的な感想などは避けるのが基本です。焦点の当て方や事実の取捨選択、スタッフ側の関わりの取り上げ方などの書く内容から、おのずと気持ちがにじみ出ます。ただし、事業所の方針次第で主観をなるべく織り交ぜる場合もあります。

②個人について書く　フロア全体の記録は個人記録とは別に

　「強い揺れ」はスタッフが感じたことで、島田さんの個人記録に書くには不適当です。また、戸棚の上のものが落ちてきて、本人に当たっている事実を書き漏らしています。事故につながりかねないことは必ず書きましょう。「思い出話」を具体的に書けば、その後のケアで活用できるトピックが生まれます。

After 良い記録の例

6月17日	記録内容
14：50	ホットケーキづくり、ボールでかきまぜる。強い揺れがあるが、無言でうなずきながら座っている。ホットプレートの電源を切ると「まだ焼けてないよ」と言っている。食器棚の上のぬいぐるみが落ちて頭に当たるが、気づかない。
15：30	おやつを食べる。関東大震災を思い出し「大人と一緒に逃げた、炎が凄かった」と話している。

……改善部分

天災を忘れないよう記録をしっかり残しましょう

　地震のときは、ともするとスタッフのほうが気もそぞろになりがちですが、安全確保を第一に、落ち着いて利用者に関わりましょう。当面のライフラインや食料・水の確保、スタッフの配置、家族への連絡など、災害の程度や被害の大きさによって、優先順位は違ってきます。個人の記録よりも、フロア全体の業務日誌や連絡ノートのほうが急を要するかもしれません。

　大きな災害では、施設が避難所の役割を果たす場合があり、記録はさらに対外的に発信する役割を担います。仕事を分担しながら、スタッフが利用者に関わる仕事に集中できるよう、ふだんから地域と災害時の協定を結んだり、訓練をしたり、家族の理解を得ておくなど、ケア以外の記録に手を取られなくて済むような準備をしておきましょう。

■監修
田中尚輝（たなかなおき）
NPO法人市民福祉団体全国協議会　専務理事

■著者
柳本文貴（やぎもとふみたか）
NPOグレースケア代表。介護福祉士、社会福祉士、介護支援専門員。障がい者の作業所や運動団体、人材派遣企業、老人保健施設、認知症グループホームを経て、2008年グレースケアを設立。長時間・泊まりケア、娯楽ケア、医療的ケアなどの自費サービスと訪問介護、居宅介護（障がい者）、ケア付き住宅、研修事業などに取り組む。成年後見も受任。大阪大学人間科学部卒。できない理由より、するための工夫を探すのがモットー。

鈴木順子（すずきよりこ）
NPOグレースケア　スタッフ。介護福祉士、介護支援専門員、保育士。保育園や訪問介護、有料老人ホーム、認知症グループホームなどで勤務。元東京医薬専門学校・東京福祉専門学校非常勤講師。早稲田大学第一文学部・日本社会事業学校研究科卒。モットーは「当事者の目線に立ち、明るく楽しい支援を」。

NPOグレースケア
〒181-0013東京都三鷹市下連雀3-28-23　三鷹センター駅前第1ビル316号
Tel.0422-70-2805／Fax.0422-24-8307　office@g-care.org　http://g-care.org

■編集
株式会社エディポック

■本文デザイン・DTP
株式会社エディポック

■編集協力
横井広海（ブックボウル）

■イラスト
小林弥生

本書に関する正誤等の最新情報は下記のURLでご確認下さい。
http://www.seibidoshuppan.co.jp/support

※上記URLに記載されていない箇所で正誤についてお気づきの場合は、書名・発行日・質問事項（ページ数等）・氏名・郵便番号・住所・FAX番号を明記の上、郵送かFAXで成美堂出版までお問い合わせ下さい。
※電話でのお問い合わせはお受けできません。
※ご質問到着確認後10日前後に回答を普通郵便またはFAXで発送いたします。

すぐ使える用語集付き！イラストでわかる介護記録の書き方【第2版】

2016年6月20日発行

監　修　田中尚輝（たなかなおき）
著　者　柳本文貴（やぎもとふみたか）　鈴木順子（すずきよりこ）
発行者　深見公子
発行所　成美堂出版
　　　　〒162-8445　東京都新宿区新小川町1-7
　　　　電話(03)5206-8151　FAX(03)5206-8159
印　刷　広研印刷株式会社

©Yagimoto Fumitaka & Suzuki Yoriko 2013　PRINTED IN JAPAN
ISBN978-4-415-21642-3

落丁・乱丁などの不良本はお取り替えします
定価はカバーに表示してあります

●本書および本書の付属物を無断で複写、複製（コピー）、引用することは著作権法上での例外を除き禁じられています。また代行業者等の第三者に依頼してスキャンやデジタル化することは、たとえ個人や家庭内の利用であっても一切認められておりません。

イラストでわかる
介護記録の書き方 別冊
すぐ使える用語集付き！
【第2版】

知りたいことがサッと引ける！

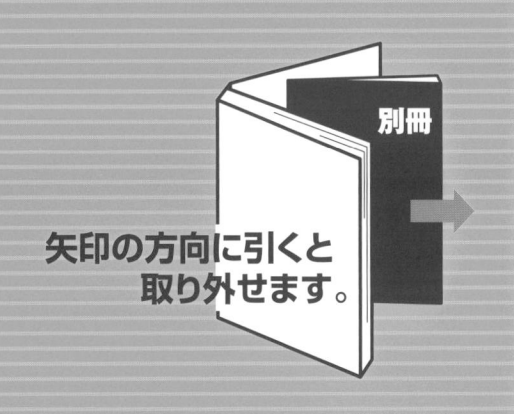

超実用

介護用語 & 資料集

別冊

矢印の方向に引くと
取り外せます。

成美堂出版

介護用語集

A-Z

ADL
えーでぃーえる

日常生活動作（Activities of Daily Living）の略。食事、排泄、入浴、更衣、整容、移動など生活を営むうえで必要な基本的動作のこと。介護やリハビリテーションではADLの自立を目標の一つとしており、各項目でできること・できないことの見極めが大事である。日常生活行為ともいう。

AED
えーいーでぃー

自動体外式除細動器（Automated External Defibrillator）の略。心臓に電気ショックを与え、正常な拍動に戻す医療装置。電極パッドを胸部に貼り、機械の指示に従ってスイッチを入れると電気ショックを与える。公共施設や駅、公園、学校などに設置されている。

ALS
えーえるえす

筋萎縮性側索硬化症（amyotrophic lateral sclerosis）の略。運動神経細胞が障害され、手足をはじめ全身の筋力が徐々に衰えていく病気。身体の感覚や知能などは保たれた状態が続く。呼吸や嚥下、コミュニケーションなども難しくなるため、医療・情報機器も活用しながらQOLの維持を図る。

BPSD
びーぴーえすでぃー

Behavioral and Psychological Symptoms of Dementia（認知症の行動と心理症状）の略。認知症に伴う行動障害（不潔行為、異食、暴力など）と精神症状（抑うつ、せん妄、睡眠障害など）のこと。「問題行動」という表現が周囲の評価を反映したネガティブな意味を持つのに対して、中立的な用語として医療者から使われるようになった。

ICF
あいしーえふ

国際生活機能分類（International Classification of Functioning, Disability and Health）の略。世界保健機関によって2001年に採択された人間の生活機能と障害の分類法。それまでの国際障害分類（ICIDH）を改め、身体機能そのものの障害と、社会参加の制約や制度・対人関係などの環境因子によって生じている障害の相互関係を明らかにした。

IVH
あいぶいえいち

中心静脈栄養（Intravenous Hyperalimentation）の略。口からの栄養摂取が難しい場合に行う。胸や鼠径部の静脈にカテーテルを挿入（留置）し、高カロリー輸液を用いて必要な栄養素や水分を補給する。輸液が管の中で止まったり逆流していないか注意する。

MRSA
えむあーるえすえー

メチシリン耐性黄色ブドウ球菌（Methicillin-resistant Staphylococcus Aureus）の略。抗生物質のメチシリンなどに対する耐性を獲得した黄色ブドウ球菌のこと。院内感染の主な原因菌で、抵抗力の低下した入院患者や高齢者が感染しやすく、発症するとほとんどの抗生物質が効かないため、治療は困難となる。

PEG
ぺぐ

Percutaneous Endoscopic Gastrostomy（経皮内視鏡的胃ろう造設術）の略。内視鏡を使って腹から胃にチューブを通し、胃ろうをつくる手術のこと。転じて、胃ろうそのもののことを指す場合がある。

QOL
きゅーおーえる

Quality of Life（生活の質）の略。人がどれだけ自分らしく、充実した暮らしを送っているかを測る尺度。個人や環境によって、何をもって質の高い生活と考えるかは異なる。医療や介護の大きな目標の一つとしてQOLの向上が挙げられる。

あ

アカウンタビリティ
あかうんたびりてぃ

説明責任。専門職として利用者や家族に納得のいく説明をし、責任ある行動をとること。口頭と文書による報告を行い、行政などの外部機関にも説明責任を果たす。事故などの場合は、直接利用者や家族に説明と謝罪をすることが、今後の信頼関係の回復につながる。

アセスメント（課題分析）
あせすめんと

必要な支援の内容を明らかにするため、情報を収集し、課題（ニーズ）を整理分析すること。利用者の身体機能や社会環境、主な訴えなどのほか、生活史や趣味、得意としていることなどを把握することが重要。アセスメントをもとにケアプランを作成する。

アルツハイマー型認知症
あるつはいまーがたにんちしょう

記憶障害、見当識障害、人格の変化などを起こす認知症の1タイプ。脳の萎縮や変性が見られる。行動障害と精神症状を伴うが、適切な介護により症状は軽減する。高齢者が多いが40代から発症する場合もある。

意識障害
いしきしょうがい

周囲に対する注意や反応などの精神活動に支障が出ている状態。自分が今どこにいてどんな状態であるかがわからず、後にも記憶が存在しない。混乱していたり、周囲の一部にしか注意がいかなかったり、幻覚や錯覚、妄想にとらわれていたりする。

移乗
いじょう

乗り移って座ること。ベッドや車いす、便座、食堂のいすなど、座る場所を変え

る場面で用いる。介助の人手によるほか、手すりや移動用バーの設置、ベッドの高さの調整、スライディングシートや吊り具の利用など、環境や用具を整え、できるだけ自力でできるよう工夫する。

異食
いしょく

紙、ゴミ、花、土、便など、食べ物ではないものを口に入れること。注意して見守るほか、別の作業や運動、他者との交流などで防ぐことができる。洗剤や薬等、危険物には手が届かないようにするなど、環境面の整備も望まれる。

医療除外行為
いりょうじょがいこうい

以下のものは厚生労働省の通知で、医療行為ではないとされる。体温・血圧の測定、パルスオキシメーターの装着、軽微な切り傷ややけどの処置。その他条件つきで、点眼、軟膏塗布、座薬挿入、服薬介助、爪切り、口腔ケア、人工肛門の排泄物処理、市販品を使った浣腸など。

医療的ケア
いりょうてきけあ

介護職・ヘルパーに認められている吸引、経管栄養といった医療行為のこと。家族の介護負担を軽減し、医療ニーズが高くても在宅で生活を継続できるようにするためのもの。所定の研修を受けたヘルパーは主治医による指示と看護師との連携、定期的な報告などの条件を満たすと行うことができる。

胃ろう
いろう

病気や障害により口から食べられなくなった人に、チューブを通して直接流動食などを入れるために胃に開けた孔（ストーマ）。皮膚を観察し、口腔ケアを行う必要がある。手術で容易につくることができるため、高齢者が入院し食欲が落ちてくると造設されることが多かったがADLの低下などが指摘され、現在、見直しの機運もある。

院内感染
いんないかんせん

病院内で受ける感染。入院中の患者は健常な人に比べ抵抗力が弱いため感染の伝わり方が速く、集団でかかり、重度化する場合もある。MRSA、B型・C型肝炎、疥癬（かいせん）、レジオネラ菌などがある。医療介護職がかかることもあるため、手洗い・うがいの励行、マスク・使い捨て手袋の利用などで予防する。

インフォーマルサービス
いんふぉーまるさーびす

制度に基づいた専門職による公的なサービス（フォーマルサービス）に対して、近隣や地域社会、ボランティアなどが行う非公的な援助のこと。専門職が管理的で硬直化したケアを提供しがちなのに対して、利用者の置かれた個別の環境や状況に応じて柔軟な取り組みができるとされる。

インフォームドコンセント
いんふぉーむどこんせんと

患者が、病気や治療法について医師か

ら充分な説明を受け、了解して同意すること。不安や不信感を軽減し、治療効果を上げるためにも必要だが、形式的に済まされている場合もある。介護においても、抑制の実施や事故のリスクについては丁寧に説明し、同意を得ることが重要。

うつ状態
うつじょうたい

気分が落ち込み、無気力になった状態。抑うつ状態ともいう。何をするのも面倒で、夜は不眠がちになり、食欲が出ず、動作が緩慢で、思考が回らない。自殺願望につながることもある。疾患や薬の副作用によるもののほか、家庭環境や社会生活に原因がある場合もある。

腋窩検温
えきかけんおん

脇の下に体温計を挟んで体温を測定すること。汗を拭きとり、マヒのない側で測定する（マヒ側の体温は健側より低い）。測定時には体温計の先端を脇の下前下方から後上方に向かって挿入する。食事、入浴、運動後の測定は避ける。

エコマップ
えこまっぷ

社会福祉援助において、利用者と社会資源との関係を円や矢印を使って描きだしたもの。家族関係図（ジェノグラム）よりも、利用者を取り巻く人間関係や地域との関わりがわかりやすく、援助課題を明確にしやすい。援助者とともに利用者が参加してつくることもある。

嚥下
えんげ

食物や水、唾液を飲み込むこと。脳梗塞の後遺症やパーキンソン病などにより飲み下すことが困難になることを嚥下障害という。認知症による認知機能の障害で食べること自体が難しくなる場合もある。嚥下が困難な場合は、口や舌を動かす体操や前傾姿勢の保持、食事の形態の工夫で補う。

円背
えんぱい

背骨が曲がって丸くなっていること。骨粗しょう症や脊椎（せきつい）の圧迫骨折などが原因。歩行が不安定になり、腰や首の痛みにつながる。座ったときもずり落ち気味になるため、腰を引いて座り、いすの形や大きさ、クッションなどを工夫する。

エンパワメント
えんぱわめんと

障害や疾病、環境、周囲の評価などの要因により、力を失ったと感じている人に対し、持っている力を再度引き出し、自信や誇りを持って生活していけるようにすること。自分自身の力で問題を解決できるよう、社会的な技術を身につけ、環境条件を整える支援の方法を指す。

オストメイト
おすとめいと

人工肛門、人工膀胱をつけている人。直腸ガンや膀胱ガンで排泄機能に障害ができると、腹部に孔（ストーマ）を造設し、そこから便を出す。装具が発達し、

以前とほとんど変わらない生活を送れる。公共施設などではオストメイト用の汚物洗いを備えたトイレも少しずつ増えている。

か

臥位
かい

　寝ている姿勢のこと。立位、座位に比べて安定している反面、長時間継続すると、褥瘡（じょくそう）が生じたり心身機能が低下し、廃用症候群のリスクが高まる。仰向けを仰臥位、横向きを側臥位、うつ伏せを腹臥位という。自力で寝返りできない場合、エアマットを使ったり、体位変換を行うが、重篤でない限りなるべく座位をとるのがよい。

介護
かいご

　高齢や障害により日常生活の維持が困難な人に、その人らしい生活を送るための援助をすること。身体機能や日常生活動作を補うほか、現有能力を引き出し活用することも含む。「護（まも）る」という語が持つ保護管理的な意味を避け「介助」ともいう。

介護過程
かいごかてい

　介護を提供していくための一定期間におけるプロセス。利用者のニーズと社会資源を結びつけ、サービスを一体的に提供して問題解決を図る。インテーク（初回面接）→アセスメント（課題分析）→ケアプランの作成→実施→モニタリング（実施状況の把握、評価）→終結。新たなニーズが生じれば、再度アセスメントから繰り返す。

介護記録
かいごきろく

　介護職が行ったケアの内容を、決められた書式に従い、正確にわかりやすく記したもの。介護上の課題や工夫を共有し、法的根拠として整備するうえで重要。日々の生活を書く「ケース記録」のほか、「業務日誌」「チェックシート」「連絡ノート」「事故報告書」などがある。

介護予防
かいごよぼう

　介護が必要な状態になることを防ぐための取り組みのこと。要支援1・2の者には介護保険の予防給付、自立・非該当や未認定者には自治体の地域支援事業として、運動機能や口腔機能の向上、栄養改善などの事業が行われている。地域包括支援センターがマネジメントを担う。

介助
かいじょ

　利用者の一つひとつの行為（食事、排泄、入浴、立ち上がり、歩行など）を手助けすること。全面的に介助（全介助）するのではなく、できることは自分でやり、できない部分だけを介助（一部介助）する。介護と同じように使われるが、本人を主体にする意味合いが強い。

疥癬
かいせん

　ヒゼンダニの皮膚への寄生によって起こる病気で、激しいかゆみを伴う。腕や

かくたん

脚に赤いブツブツができたり、指の間や脇の下に線状の発疹ができたりする。直接の接触のほか、衣服や布団を通じて感染し、潜伏期間は1か月程度。熱や乾燥に弱いので、部屋の風通しをよくして除湿することで予防する。

喀痰
かくたん

口腔、咽喉頭、気管支などから排出される分泌物で、咳などと同時に出される痰のこと。「痰の吸引」は、一定の研修を受けた介護職が行うことができるようになった医療行為の一つである。血の場合は「喀血」と呼び、原因として肺炎や結核、肺梗塞などさまざまな病気がある。

カテーテル
かてーてる

尿、血液、体液を体外に排出したり、治療薬を体内に入れるための柔軟性のある管。膀胱留置カテーテルは、先端の袋状の部分をふくらませて固定するため、バルーンとも呼ばれる。折れ曲がりがなく流れているか、量や濁りなどを確認する。入浴も可能。

カニューレ
かにゅーれ

カテーテルと同じく人工的な管を意味する。気管カニューレは、呼吸器障害や誤嚥を防ぐため直接気管に挿入する管のこと。感染しやすいため、居室の清潔と湿度に配慮する。種類によっては発声が難しく、コミュニケーションの方法を工夫する。吸引も必要。

ガン
がん

悪性新生物とも呼ばれ、日本人の三大死因の一つである。体内や表面にできる腫瘍のうち、特に周辺へ広がり転移していく悪性のものを指す。手術や化学療法、放射線療法などの治療と、痛みを取り除く緩和ケアが行われる。介護職は医療と連携しながらその人らしい生活を支える役割を担う。

感覚障害（感覚マヒ）
かんかくしょうがい

神経や筋肉が障害を受け、視覚、聴覚、味覚、嗅覚、触覚といった五感が鈍くなったり、まったく感じなくなること。脳梗塞では脳の損傷部と左右反対側の手足に感覚マヒが生じる。脊髄（せきずい）損傷では一定部位から下の皮膚感覚がなくなり、冷たさや熱さ、痛みなども感じない。介護ではやけどや打撲に注意する。

感染症
かんせんしょう

インフルエンザ、MRSA、ウイルス性肝炎など、病原体が身体に入ることによりかかる疾病。予防のため、手洗い・うがい、消毒のほか、マスクや使い捨て手袋、ガウンの着用などが有効である。適切な食事や睡眠・休養によって体力・免疫力を向上させることも重要。

緩和ケア
かんわけあ

末期ガンなど、治すことを目的とした治療になじまない患者に対する全人的なケアのこと。痛みをやわらげ、身体的・

心理的・社会的問題の解決を図り、患者や家族のQOLを高めることを目指す。病院ではホスピス・緩和ケア病棟などが担う。在宅でもホスピスケアの取り組みが進んでいる。

既往歴
きおうれき

　以前かかったことがある大きな病気のこと。診断や治療方針、服薬調整にあたり参考にされる。現在持つ病気の内容と経緯については現病歴というが、糖尿病など治らない病気や脳梗塞後遺症は、既往歴として整理されることもある。

記憶障害
きおくしょうがい

　加齢に伴い一般に物忘れを生じるが、日常生活において支障の出てくるもの。新しいことを覚え（記銘）、記憶し続け（保持）、思いだす（再生）という記憶機能の働きが衰えた状態。認知症では特に記銘力の低下が著しく、数秒〜数分前のこと（短期記憶）を忘れる。昔のこと（長期記憶）は比較的よく保たれている。

虐待
ぎゃくたい

　虐待は身体的、心理的、ネグレクト（放棄）、性的、経済的に分類され、養護者（家族）や施設職員によって起こされる場合が多い。2006年、高齢者虐待防止法が施行され、関係機関は連携して虐待の防止と発見時の速やかな対応が規定された。虐待する側の事情にも考慮が必要である。

ギャッチベッド
ぎゃっちべっど

　ベッドの背中や脚の部分が電動（または手動）で上下するベッド。アメリカの外科医ギャッチの発明による。ベッドの高さを上下したり、頭と足が同時に調整できるものがある。食事介助のときなど半身を起こすために使われるが、できればベッドに端座位をとりたい。介護保険制度では福祉用具貸与の対象である。

吸引
きゅういん

　気道や気管の中にある痰（たん）などの分泌物を、自力では出せない場合、吸引器を使って吸い取り出すこと。口や鼻から行う場合と、気管カニューレから行う場合がある。医療行為として、これまで介護職には例外的に容認されていたが、2012年からは業として法定化され、医師や看護師と連携して行うことになる。

吸入
きゅうにゅう

　薬剤や水分を蒸気にして、鼻や口から気道へ入れること。痰（たん）を出しやすくするための蒸気吸入、気管支の疾患に対して拡張剤や抗生物質の吸入などがある。また、呼吸が難しい場合は酸素吸入を行う。

業務日誌
ぎょうむにっし

　施設や事業所で1日に起こったことを簡潔に記録するもの。在籍人数、入所・退所者、入院・退院者、来訪者、外泊者、通院者、行事の参加人数と内容、申し送

きょたく

りや特記事項などを記入する。

居宅サービス計画（ケアプラン）
きょたくさーびすけいかく

　介護保険制度において、居宅介護支援事業者が要介護者・要支援者のサービス利用に際し、あらかじめ立てる支援計画。ケアマネジャーが利用者の心身の状況、生活環境、本人や家族の要望をアセスメントし、生活上の課題・ニーズを明らかにして社会資源と結びつける。利用者の合意のもとにプランは実施される。

クリニカルパス
くりにかるぱす

　主に入院時に、退院までの標準的な治療やケアの内容をチャート式でまとめ、患者と医療チームが理解しやすいようにしたもの。1990年代にアメリカで開始され、国内でも多くの病院で普及している。

グリーフケア
ぐりーふけあ

　家族など親しい人と死別した遺族が、その悲嘆（grief＝グリーフ）を十分に癒し、再び日常の暮らしを営めるようサポートするケアのこと。看取り前からの関わりや、葬儀など一連の手続きが終わったあとのフォローが大切とされる。

グループホーム（認知症対応型共同生活介護）
ぐるーぷほーむ

　介護保険制度の地域密着型サービスの一つ。認知症高齢者が5〜9人で個室とリビングを持つユニットに住む。利用者自身ができる範囲で家事などの役割を分担し、生きがいを持ち、安心して生活することを目的としている。認知症の進行を遅らせる効果があるとされる。

ケアマネジメント
けあまねじめんと

　一人のサービス利用者に複数のサービスがバラバラに提供されるのではなく、同じ方向性のもとにプランを作成し、総合的・一体的にサービスを提供していくこと。狭義では介護保険でケアマネジャーが行うことを指すが、本来は制度の枠に限らずにケアを組み立てることである。

ケアマネジャー（介護支援専門員）
けあまねじゃー

　要介護者等からの相談に乗り、必要なサービスの調整を行う者。自立した日常生活を営むために必要な援助についての知識と技術を持つ。基礎資格のある者が5年（または10年）の実務経験を経て試験を受け、都道府県の研修を修了すると取得できる。介護福祉士が多く、近年は看護師の割合が減っている。

ケアワーカー
けあわーかー

　介護（ケア）を業とする専門職種。国家資格として介護福祉士がある。主に施設で働く者を指し、食事、排泄、入浴、更衣、移動などの身体介護のほか、生活支援や相談援助を行う。医療的ケアも求められる。

傾聴
けいちょう

相手の話に耳を傾け、関心を持って聴くこと。利用者や家族の思いや伝えたいことを引き出すために大切で、黙って聴くだけではなく、相づちを打ったり、相手の言葉を繰り返したり、話の内容を要約して確認するなどの方法もとる。

傾眠
けいみん

周囲から声をかけたり揺するなどの刺激があれば覚醒できるものの、すぐに眠りに入ってしまったかのように意識が混濁する状態。目が覚めてからも時間や場所がわからなくなっていたり、直前の出来事を覚えていないことがある。

ケースカンファレンス（ケース会議）
けーすかんふぁれんす

利用者の援助過程において、援助に関わる者が集まり、問題点や援助方法、サービスの方向性について討議する会議。介護の場面では、チームで援助することが多いので連携のためにも重要である。

ケース記録
けーすきろく

利用者の日中の様子、夜間帯の睡眠の様子などを時間を追って記録したもの。ケアプランの目標に添って、ケアの試行錯誤の反応はどうか、新たなニーズは発生していないかなど、簡潔にわかりやすく記録していく。法的根拠にもなるので、担当職員が記録し、署名する。

ケースワーカー
けーすわーかー

社会生活を送るうえでさまざまな問題を抱え、援助を必要とする人に対し、社会福祉の専門職として助言や援助を行う者。面接によってクライエント（援助対象者）の課題を引き出し、社会資源と結びつけ、自ら問題を解決できるように支援していく。

血圧
けつあつ

心臓から送りだされた血液が血管壁を押し上げる圧力のこと。上腕で測る。心拍動ごとに変動し、心臓が収縮したときに最も高く（最高血圧）、拡張したときに最も低く（最低血圧）なる。収縮期血圧が140mmHg以上、拡張期血圧が90mmHg以上のいずれかを満たす場合を高血圧といい、脳血管障害や虚血性心疾患などのリスクにつながる。

ケリーパッド
けりーぱっど

寝たままの姿勢で洗髪できるゴム製の用具。頭をパッド内に入れて洗髪し、汚水を一定方向に流してバケツなどで受ける。新聞紙を丸めて円をつくり、ビニール袋に入れて手づくりすることもある。

言語障害
げんごしょうがい

言葉によるコミュニケーションの障害。話す、聞く、書く、読むなどが難しくなる。失語症（言葉が出てこない、聴いても理解できない）や構音障害（発音ができない）がある。身振りやサイン、

絵や物を示すなど工夫しながら、その人にあったコミュニケーション方法を探す。

健側
けんそく

片マヒがある人の身体のうち、障害を受けていない側を指す。マヒのある側は患側（かんそく）という。片マヒがあっても健側や福祉用具を使い、なるべく自立した生活ができるよう支援する。

見当識障害
けんとうしきしょうがい

自分が置かれている状態（時間や場所、状況）を正しく認識できないこと。自分が何者であるかわからず、退職しているのに学校の先生だと思っていたり、高齢なのに年齢を聞くと20歳と答えたりする。認知症の人や統合失調症の人などに見られる。失見当識（しつけんとうしき）ともいう。

現有能力
げんゆうのうりょく

現在持っている利用者本人の能力のこと。老化や障害によって失われた機能だけではなく、現有能力に注目し、さらに引きだすことにより、その人らしい自立した生活を営めるようにする。残存能力ともいう。

権利擁護
けんりようご

認知症高齢者や知的障害者など、自己の権利やニーズを訴えにくい人の権利を守ること。日常生活自立支援事業や成年後見制度など、第三者による契約や金銭管理の代理のほか、本人のエンパワメントを通じて自己決定を支援することも含む。アドボカシーともいう。

誤飲
ごいん

食べ物ではない異物を誤って飲み込むこと。認知症高齢者が異物と認識できずに石鹸や便を食べる場合は異食という。

口腔ケア
こうくうけあ

①歯磨き、うがい、舌ブラシ、義歯洗浄など口腔内の清潔を維持するためのケア、②嚥下（えんげ）体操やアイスマッサージなど、摂食・嚥下機能の低下を予防したり改善するためのケア。口腔内の唾液や細菌による誤嚥（ごえん）性肺炎を防ぐため、経管栄養の人にも口腔ケアは行う。

高次脳機能障害
こうじのうきのうしょうがい

事故や病気によって脳が部分的に損傷を受け、言語や思考、記憶などの部分に起こる障害のこと。新しいことや手順を覚えられなかったり、注意が散漫になったり、逆にこだわりが強くなったりする。中には自己中心的で粗暴な態度が現れることもある。関係機関と連携しながらリハビリテーションや生活支援に取り組む。

拘縮
こうしゅく

関節が何らかの原因で硬くなり、腕や指などが曲がったまま伸びない状態に

なっていること。動く部位が限られる場合を、「可動域の制限」という。高齢者の寝たきりなど、同じ体勢で居続けることが拘縮を早める原因になっており、生活のなかで座位をとり、手足や指を動かす機会をつくることで予防する。

行動障害
こうどうしょうがい

いわゆる徘徊、異食、不潔行為、暴言暴力、性的逸脱などで、以前は「問題行動」と呼ばれていた。行動の背景を探って原因を取り除き、本人のペースに合わせ、基本的な日常生活の援助をきめ細かくしていく。適切な介助や環境の整備により症状は軽減される。

誤嚥
ごえん

嚥下機能の低下により食べ物や唾液などが誤って気管や肺に入ってしまうこと。口腔内には常に雑菌が繁殖し、寝ている間に唾液を誤嚥すると誤嚥性肺炎になる場合もある。清潔を保つため食後の口腔ケアが欠かせない。

骨粗しょう症
こつそしょうしょう

骨量が減少し、骨組織の微細構造が変化して骨がもろくなった状態。高齢者や閉経後の女性に多く、寝返りで骨折してしまう場合もある。原因は食物中のカルシウムの摂取不足、運動不足、極端な日光不足、疾患、薬物など。食事療法、運動療法、薬物療法、手術療法などがある。

コミュニケーションエイド
こみゅにけーしょんえいど

言語障害、視覚障害、聴覚障害を持つ人や重度の身体障害者が意思伝達できるように開発された機器。指で指し示す文字盤から、音声と文字を変換する装置、瞼（まぶた）や皮膚の微細な動きをとらえる装置までさまざまな種類があり、コミュニケーションを支援する。

コンプライアンス
こんぷらいあんす

法令遵守。法律や倫理に従って、公正に業務を遂行すること。一般企業同様、介護分野でも保険制度の導入後、特に強調されるようになった。もともと「従うこと」を意味するため、医療分野では患者が服薬、安静、食事制限などを指示通りに守ることを指す場合もある。

さ

サービス担当者会議
さーびすたんとうしゃかいぎ

介護保険制度においてケアプランを作成する際、ケアマネジャーが利用者・家族、介護事業者、医療関係者などを集めて行う会議。利用者の意向を聞きながら、情報を提供し合い、ケアに関する方向性や内容の共有を図る。

サービス提供事業者
さーびすていきょうじぎょうしゃ

介護保険では、特に在宅系のサービスを指すことが多い。訪問介護や通所介護、訪問入浴などがある。サービスを提供する事業者は厚生労働省の定める人員・運営基準を満たし、都道府県の指定を受け

さーびす

る。地域密着型サービスについては、市区町村の指定を受ける。

サービス提供責任者
さーびすていきょうせきにんしゃ

訪問介護事業所において、訪問介護計画の作成・変更、利用者・家族への説明、ホームヘルパーとの連絡・調整・技術指導、サービスの内容の管理などを行う。規模に応じて1名以上を常勤で配置しなければならない。

座位
ざい

座った姿勢。半座位（ベッド上で上半身を45度程度上げた体位）、端座位（ベッドなどの端に座り足を下ろした体位）、椅座位（いすに座った体位）、長座位（床に座り足を伸ばした体位）、正座、横座り、あぐらなどがある。寝たままの姿勢より褥瘡（じょくそう）や誤嚥（ごえん）を防ぎ、精神を活性化する効果がある。

在宅介護
ざいたくかいご

高齢者や障害者が住み慣れた地域で安心して暮らしていけるよう自宅での生活を支援すること。提供されるサービスのことを在宅（居宅）サービスという。介護保険はその推進を目的としているが、時間や内容の制約、金銭的負担、家族介護の負担などの理由で、施設への入所希望者が減らない。

在宅ターミナルケア
ざいたくたーみなるけあ

住み慣れた家で最期を迎えるために医療と看護、介護が連携してケアを行うこと。痛みを緩和し、生活の質を保ちながら利用者や家族がゆったりと看取りまでできるよう支援する。ガンなど末期患者のケアを行うことを在宅ホスピスという。

作業療法
さぎょうりょうほう

障害のある人に対して生活動作能力や社会的技能の回復、精神心理機能の改善を目指して行うリハビリテーション。作業療法士（OT）が医療関係者と連携し、日常生活動作の訓練や絵画、手芸、園芸などのセラピーを行う。

3-3-9度方式
さんさんくどほうしき

日本昏睡尺度。意識レベルの分類法。外界からの刺激の程度と覚醒の有無との関係から3群、3段階で評価する。Ⅰ群（刺激なしで覚醒）、Ⅱ群（刺激により覚醒）、Ⅲ群（どのような刺激でも覚醒しない）。

ジェネリック医薬品
じぇねりっくいやくひん

後発医薬品のこと。新薬として開発され、その後、医薬品の成分について特許が切れたものを、他の製薬会社が同じ成分、同じ効能で製品化したもの。高価な新薬とは違って廉価なため、調剤薬局などでの普及率も高まっている。

施設サービス計画（ケアプラン）
しせつさーびすけいかく

　施設でのサービスを受ける際につくられるケアプランのこと。介護支援専門員（ケアマネジャー）が、利用者や家族の希望を聞いてアセスメントし、サービス担当者会議を開いて内容を検討したうえで、ケアプランを作成し、利用者の同意を得て実施される。現場のリーダーや担当者が作成していることもある。

失禁
しっきん

　排泄の障害で、尿失禁と便失禁がある。厚手の布パンツや紙パンツ、パッドなどを適宜使用して対応する。認知症高齢者では便意・尿意のサインや排泄パターンに注意し、トイレに誘う。女性には骨盤底筋の弛緩（しかん）による腹圧性尿失禁が多い。男性は前立腺肥大によって切れが悪く、少しずつ漏れていることがある。

失行
しっこう

　身体機能は問題がないにもかかわらず、脳の器質病変のため、目的に合った動作・行動を正しく行えないこと。たとえば、シャツのそでに足を入れようとしたり、ハサミと紙を渡しても切る動作ができなかったりする。

失調
しっちょう

　体の各部位の調節がきかなくなること。動作を円滑に行うには多くの筋肉の調和が必要になるが、その協調が失われると、バランスが悪くなり目的動作を行うのが難しくなる。大脳性失調、小脳性失調のほか、平衡感覚が損なわれた前庭性失調、深部感覚が損なわれた脊髄（せきずい）性失調がある。

失認
しつにん

　視力、聴力、触覚など感覚器官には問題がないが、脳の器質病変のため、人や物の認知ができないこと。物に触ってもその形がわからない、見ても何を見ているのかわからないなど。物の置き場所や座る位置、言葉かけなどに工夫が必要である。

自費サービス
じひさーびす

　介護保険を利用せず、利用者が個人で契約して受けるケアサービスのこと。全額が自己負担となる。家事のほか、外出や遊びの同行、長時間や泊まりの介助、家族の相談支援などがある。介護保険の対象とはならない内容や、介護保険給付の上限を超えて受けるものについて、このように呼ぶ。

若年性認知症
じゃくねんせいにんちしょう

　40～50代に発生する認知症。アルツハイマー病や脳血管障害、頭の外傷、ピック病などが原因。特定疾病として第2号被保険者（40歳以上65歳未満）でも介護サービスを受けられるが、高齢者向けに比べて社会資源が不足している。家族会や当事者の集まりが、各地に生まれている。

しゅじい

主治医
しゅじい

　かかりつけの医師。病院においては一人の患者に複数の医師が担当するが、診察から治療までのすべての過程で中心となる医師。介護保険の認定を受ける際、主治医が医学的な管理の必要性について意見書を作成する。

手浴
しゅよく

　手だけを湯の入った洗面器につける部分浴。入浴ができない場合、ベッド上で半座位になり、オーバーテーブルに洗面器を置く方法で、寝たままでは側臥位になって寝具を濡らさないように工夫して行う。タオルで水分を拭き取った後、ハンドクリームやベビーオイルで肌を整える。爪切りもする。

障害者総合支援法
しょうがいしゃそうごうしえんほう

　従来の「障害者自立支援法」を変え、対象に難病や高次脳機能障害などを含むことを明確化、利用料の原則を応益負担から応能負担へと改めた。「障害程度区分」は「障害支援区分」とし、相談支援やサービス利用計画の機能を強化。さらに重度訪問介護の対象者を拡大し、ケアホームとグループホームの一元化なども掲げている。

情報の公表
じょうほうのこうひょう

　「介護サービス情報の公表」制度に基づき、事業所に義務づけられたもの。事業所の名称や職員数、利用料金などの基本情報、教育・研修の状況、サービス内容などの調査情報からなる。利用者の選択に資することを目指すが、実態はほとんど活用されていない。

ショートステイ
しょーとすてい

　短期間、施設に入所して介護を受けること。「短期入所生活介護」「短期入所療養介護」がある。数日の利用が多いが、数週間から1カ月近い利用もある。上限は月30日で、認定期間の半分まで（自費利用を除く）。家族の介護負担の軽減や、利用者の心身機能の活性化を目的とし、在宅介護を支えている。

褥瘡
じょくそう

　身体の特定の部位に体重がかかり続けることで血行が悪くなり、細胞が死んでいくこと。皮膚に穴が開き、重症化すると筋肉や骨にまで達する。寝たきりの高齢者に多く、仙骨部や大転子部などに発生しやすい。なるべく座って生活するほか、マットやクッションでの除圧、皮膚の観察と清潔の保持、栄養状態の改善などに取り組む。

自立支援
じりつしえん

　障害や疾病によらず、その人らしい生活を営めるよう支援することで、介護保険の基本理念の一つ。現有能力を活かし、介護サービスや福祉用具を使いながら、生活を組み立てる。社会的自立のためには住居や経済的保障、医療や福祉面のサポートも必要である。

シリンジ
しりんじ

　注射器のうち薬剤が入っている部分。注射筒のこと。転じて注射器そのものを指す場合もある。口が開きにくい人に隙間から流動食を入れたり、胃ろうの人にチューブから栄養剤を投入する際に、介護職も利用する。糖尿病患者でインスリン自己注射を行っている場合、在宅での取り扱いや廃棄に注意する。

シルバーカー
しるばーかー

　足腰が弱くなり、歩行に不安のある人が外出の際に使用する車輪つきの手押し車。カゴやバッグ、休憩用の折りたたみいすがついており、利用することによって歩く力の維持改善につながる。介護保険の「福祉用具貸与」の対象になっているが、型に制限がある。

心疾患
しんしっかん

　心臓に起きる病状を包括して呼ぶもので、狭心症や心筋梗塞などが代表例として挙げられる。発見や治療が遅れると生命やその後の生活に大きな影響を与える重篤なケースが多い。心不全、不整脈、動脈瘤なども心臓部位に現れるため、心疾患と呼ばれる。

振戦
しんせん

　身体の一部または全体が震えること。ストレスや不安で緊張したときや、疲労、脱水、寒気、薬の副作用などによって起こる。また、疾病ではパーキンソン病の特徴の一つで、手首や指先が安静時に震える。小脳疾患では、同じ姿勢をとることで震えがきたり、意図した動作をしようとすると震える場合がある。

身体拘束
しんたいこうそく

　患者や利用者の行動を抑制すること。ベッド上で手足や胴を縛ったり、柵で囲み下りられないようにする。原則禁止されており、緊急やむを得ない場合のみ認められるが、①切迫性、②非代替性、③一時性の3つの要件を満たす必要がある。ひもで縛ったりする身体拘束のほか、薬物や言葉による抑制も見られる。

ストーマ
すとーま

　大腸などの消化管や尿路に疾患があって通常の排泄が難しい場合に、人工的に排泄させるために腹壁に穴（孔〈こう〉と呼ぶ）を開けてつくる排泄口のこと。便排出のための消化管ストーマと、尿排出のための尿路ストーマに大きく分かれ、袋（パウチ）を取りつける。パウチの交換も介護職が行える医療行為の一つ。

スライディングシート
すらいでぃんぐしーと

　介助者の負担を軽減するための移動用具。滑りやすい生地でできており、ベッド上で利用者の身体の下に入れて、身体の向きや位置を変えるために使う。ベッドから車いすへの移乗にはスライディングボードを使う。ベッドを高くし、車いすのアームレストを上げ、臀部の下に差

し込んでやや斜めに滑るように移動する。

生活援助
せいかつえんじょ

　調理・片づけ・洗濯・物干し、掃除、ゴミ出し、シーツ交換など日常生活で必要な援助のこと。介護保険の訪問介護で身体介護以外のケアにあたる。大掃除や庭の手入れ、日用品以外の買物、家族分の調理、仕事の手伝い、楽しみのための外出などは介護保険ではできない。

生活習慣病
せいかつしゅうかんびょう

　生活習慣が発症に大きく起因している病気の総称。「ガン」「脳卒中」「心臓病」は三大生活習慣病と呼ばれ、日本人の死因の6割を占めるが、その前段階としての「糖尿病」「高血圧」「高脂血症」なども挙げられる。過食など食習慣、運動不足、喫煙・飲酒などが関係している。

清拭
せいしき

　体調不良などで入浴ができない人の身体を拭くこと。手や足など一部分を拭く部分清拭と全体を拭く全身清拭がある。居室の温度に注意し、着替えや乾いたタオルを用意し、温めたタオルで心臓に向かって軽くマッサージするように拭く。皮膚の状態をよく観察する。

成年後見制度
せいねんこうけんせいど

　認知症の高齢者や精神障害者など、判断能力が不十分な場合に、代理人となる後見人が選任され、契約などを行う制度。本人の判断能力の程度に応じて、補助、保佐、後見の3類型がある。申立てに基づき家庭裁判所が選任する法定後見と、本人が事前に指定しておく任意後見がある。親族のほか、最近は弁護士や社会福祉士など第三者が担うケースも多い。

整容
せいよう

　身だしなみを整えること。着替え、洗面、歯磨き、整髪、髭そりのほか、化粧や爪の手入れなども含む。なるべく自力でできるよう援助し、使いやすい自助具なども活用する。朝の整容をきちんと行うことで、日中の活気が出る。逆に外出や人に会うなどの予定があると、自然と身辺を整える効果がある。

摂食障害
せっしょくしょうがい

　食物を口に入れ、飲み込むまでの過程における障害。認知症などで食物を認識できなかったり、食べる動作を忘れていたりする場合、口腔内の障害のために咀嚼（そしゃく）できない場合などがある。嚥下（えんげ）障害は飲み込みに支障があることで、摂食障害と合わせて食事の援助方法を検討する。拒食や過食なども摂食障害の一種。

せん妄
せんもう

　意識が混濁し、幻覚が見えたり興奮したりすること。見当識障害や記憶障害を伴う。薬の副作用や終末期に一時的に起こったり、認知症で継続することもある。夜間に出やすく、日中の変動も大きい。

脱水が原因の場合もあるので、水分や栄養補給に注意するほか、相手を受け入れながら聞き流すなどの対応をしたり、薬を調整したりする。

ソーシャルワーカー
そーしゃるわーかー

社会福祉の倫理と専門的知識・技術を持って社会福祉援助を行う者のこと。国家資格としては、社会福祉士と精神保健福祉士があり、社会福祉士は地域包括支援センターに配置されている。医療機関で働く者を、特にメディカルソーシャルワーカー（MSW）と呼ぶ。

足浴
そくよく

足だけを温かい湯に入れる部分浴のこと。40℃前後の湯で足を温めることで、入浴が難しい高齢者にも心臓や身体全体に負担をかけずに全身の血行を良くすることができる。半身浴と同程度の効果があるといわれ、1回10分程度で湯が冷めないよう注意しながら行う。

鼠径部
そけいぶ

脚の付け根のややくぼんだ線の部分。高熱が出た場合、鼠径部や脇の下のリンパ節にタオルにくるんだ氷枕を当てて冷やすと、症状が緩和される。

咀嚼
そしゃく

口の中に入った食べ物を歯で噛み砕き、すりつぶし、唾液と混ぜ、飲み込めるようにする動きをいう。入れ歯が合わなかったり、脳梗塞後遺症による片マヒがあったりすると口に食べ物が溜まったままになることがある。食事を介助するときは、嚥下（えんげ）を確認してから次を入れるようにする。

ソフト食
そふとしょく

やわらかく、かつ形があって食べやすく工夫された食事のこと。咀嚼（そしゃく）や嚥下（えんげ）機能の低下した人を対象とする。従来のキザミ食は飲み込むための塊ができにくくかえって食べにくい。また、ミキサー食はドロドロとしたペースト状で色や形、味の点で食欲を起こさせない。ソフト食はそれらの欠点を補う中間的な形態である。

た

ターミナルケア
たーみなるけあ

終末期の医療・看護・介護などの総合的なケアのこと。治る見込みがなく死期が近い利用者に対し、延命のための治療よりは、その人らしさを尊重した包括的な援助を行う。痛みや苦しみを軽減する緩和ケアを中心に、QOLの向上を図る。病院のほか、施設や在宅でも行っている。

体位
たいい

姿勢のこと。立位（立っている）、座位（座っている）、臥位（寝ている）などで表される。寝たきりの人には体位変換をするほか、なるべく離床して座位をとる。ただし、車いすやソファに長時間同じ体位で座っていることも褥瘡（じょ

たいじょう

くそう）やむくみの原因になる。ときどき臥床したり、脚を上げたりするとよい。

帯状疱疹
たいじょうほうしん

　知覚神経の経路に沿って帯状に赤い発疹と水疱ができ、神経痛のような痛みを生じるもの。水ぼうそうを起こす水痘ウイルスとの接触によって感染する。初回は水ぼうそうだが、ウイルスが体内に残り、体力の低下やストレスなどで身体の抵抗力が落ちたときに発症すると帯状疱疹になる。

地域包括支援センター
ちいきほうかつしえんせんたー

　地域住民の保健・福祉・医療に関する総合的な相談窓口で、介護予防ケアマネジメントや事業者の支援なども行っている。虐待の対応など権利擁護の拠点としても期待され、保健師または経験のある看護師、社会福祉士、主任ケアマネジャーから構成される。

チームケア
ちーむけあ

　施設や在宅において、医療、介護、看護、リハビリテーション、福祉など多職種でチームを組み、連携をとりながら利用者を支援していくこと。介護職など同じ職種の人が複数になることもある。いずれもカンファレンスで目標や方向性を共有し、協力していくことが重要。

チェックシート
ちぇっくしーと

　毎日の起床・就寝時刻、食事量・水分量、排泄の有無・回数・内容、バイタルサインなどを時間や数値で記録するもの。全員記録する場合と、特定の人について健康管理や介護に役立てるために行う場合がある。定期的に振り返り、状態の変化に注意する。

腸閉塞
ちょうへいそく

　食物は胃で消化された後、各臓器で栄養分が吸収され排泄されていくが、これらの内容物が小腸、大腸などにとどまってしまった状態のこと。イレウスともいう。腸にたまった内容物が肛門へ向かわないため、逆流して腹痛や吐き気が起こる。

痛風
つうふう

　血液中の尿酸値が上がることで足指や足首、膝の関節などに急激な痛みが生じる急性の関節炎。アルコールの多飲などが原因に挙げられ、男性の発症者が90％を占める。40歳代の発症が最も多いが、近年は若年化の傾向もあり、放置すると痛みの間隔が短くなり悪化していく。

低血糖
ていけっとう

　血糖値が異常に下がった状態。発汗や生あくび、震え、動悸、意識の混乱などの症状が現れ、重篤になると昏睡状態に陥る。空腹時や、糖尿病の人がインスリン注射や服薬で血糖値を下げ過ぎたときに起こるため、症状に気づいたらすぐブドウ糖や飴玉、ジュースなどを摂る。事

前に準備しておくことが大事である。

適応障害
てきおうしょうがい

　精神疾患の一種であり、社会環境に適応できず、強いストレスにより日常生活や社会生活に支障が出ること。不安、抑うつ、焦燥などの精神症状や、不眠、食欲不振、倦怠感、胃痛、頭痛、発熱などの身体症状が現れる。治療とともに原因となる環境条件を調整することが必要。

摘便
てきべん

　便秘で便が固くなりすぎて、直腸内に溜まり自力で排出できないときに、肛門から指を入れて少しずつかき出すこと。グリセリンなどを肛門や手袋に塗り、皮膚や内側を傷つけないように行う。医療行為とされている。

透析
とうせき

　腎機能が低下すると血液をろ過する力が弱くなり、通常なら排泄される老廃物が体内にたまってしまう。それを避けるために人工的に血液の浄化を行ってこれを防ぐ方法をいう。体外に血液を取り出して行う血液透析と、体内の腹膜を使って浄化する腹膜透析とがある。

導尿
どうにょう

　尿道口から膀胱へカテーテルを入れ、尿を排出させること。自力で尿が出にくい場合や入院中の治療を目的に行われる。風船状の袋が先端につき、外れないようにしたバルーンカテーテルを継続的に入れておく「持続導尿」では、尿袋に溜まった尿の量や色、濁りなどに注意する。一日数回時間を決め、そのつど管を入れて導尿する「間欠的導尿」もある。

糖尿病
とうにょうびょう

　血液中の血糖値が病的に高い状態を指し、正常値に戻すホルモンが体内に不足することで発症する。病気の治療には、継続的な食事・運動療法のほか、服薬やインスリン注射が必要になることもある。さまざまな合併症の原因になる病気。

特殊浴槽
とくしゅよくそう

　仰向けで寝たままの姿勢で入浴できる浴槽。特浴や機械浴と呼ばれる。ストレッチャーに移り、リフトで吊り上げて浴槽に浸けたり、スライドして移ったところに湯の入った浴槽が上昇してくるものもある。在宅ではベッドの上に設置できるエアー浴槽などもある。機械浴では、座った状態で入れるものもある。

特定疾病
とくていしっぺい

　第2号被保険者（40〜64歳）が介護保険の給付を受けるための要件となる加齢に伴う病気のこと。現在「脳血管疾患」「関節リウマチ」「末期ガン」など16の疾病と疾病群が認定されている。また、原因が不明で治療法が確立していない難病は「特定疾患」といい、厚生労働省によって130の疾患が認定されている。（2013年現在）

頓用
とんよう

　発熱、便秘、下痢、痛みなどの症状が出たときや訴えがあったときに服薬（使用）すること。飲み薬の場合、頓服（とんぷく）ともいう。使用時間の間隔が決められているものもあり、必ず記録に残して申し送る。

な

ナラティブ
ならてぃぶ

　患者が病気や喪失の体験など、自分自身について語り解説する（ナラティブ）ことを通じて「現実」を再構成し、癒やしへとつなげていく精神療法の一つ。医学や介護の現場で行われているものを「ナラティブ・セラピー」「ナラティブ・アプローチ」などと呼ぶ。

認知症
にんちしょう

　脳の萎縮や変性によって、記憶障害、見当識障害、理解や判断の障害が起こるもの。日常生活に支障が出る。アルツハイマー型、前頭側頭型、レビー小体型、脳血管性などの種類があり、それぞれ症状や経過が異なる。周辺症状（せん妄、幻覚、妄想、感情障害、行動障害など）は適当な支援により軽減される。

脳血管障害
のうけっかんしょうがい

　脳梗塞や脳出血、クモ膜下出血など脳に起きる病気の総称。日本人の死亡原因第3位で、発病部位による違いはあるものの、発見・治療が遅れるとその後の生活に言語障害、意識障害、運動障害などの後遺症を残す場合も多い。

は

徘徊
はいかい

　落ち着きなく歩き回ること。まわりから見ると意味のない行為と思われるが、トイレを探している、体調がすぐれない、居場所がない、仕事に出かける、子どもが待っているなど、本人には理由があることが多い。それを想像して適切な関わりをすることで緩和される。

バイタルサイン
ばいたるさいん

　人の生きている状態を表す兆候のこと。一般的には、体温、血圧、脈拍、呼吸数を指す。救急時には意識レベルもバイタルサインとして評価される。

バイタルチェック
ばいたるちぇっく

　バイタルサインを測定すること。毎朝、週2回、入浴前など、定期的に測ることで体調の変化に気づくことができる。状態の変化が疑われるとき、体調が悪く療養しているとき、転倒などの事故の際に測り、医療看護職へ結果を伝える。

廃用症候群
はいようしょうこうぐん

　加齢によって身体を動かす機会が減ることで、動かしにくい部位が増え、それによってさらに身体を動かさない悪循環を生じさせる状態。「生活不活発病」とも呼ばれ、運動器をはじめ循環器障害や

パーキンソン病
ぱーきんそんびょう

主に40～50歳代以降に発症する、原因不明の神経変性疾患。神経伝達物質の一つであるドーパミンの減少が原因と考えられているが、70歳代以降の発症もみられる。振戦や筋固縮、小刻み歩行などが身体的な特徴。

バスグリップ
ばすぐりっぷ

浴槽のふちにつけ、上から握って使える手すり。浴槽への出入りの際につかまることで、安定した動作を可能にする。取り外し可能で、片マヒの人で出入りの身体の向きが異なる場合も、位置を変えて使える。浴槽の内側に手すりがつき、立ち上がりをサポートするタイプもある。

バスボード
ばすぼーど

浴槽のふちからふちへ渡し、座って入浴することを補助する板状の道具。浴槽を立ってまたぐことができない場合に使う。浴槽に入ったあとは外してゆったり入れるようにする。浴槽の幅に合わせて長さを変えることができ、手すりのついたタイプもある。

長谷川式スケール
はせがわしきすけーる

「長谷川式簡易知能評価スケール」のこと。認知症の評価法として最もポピュラーで、年齢や日付、引き算、知っている野菜の名前など9項目の質問からなる。30点満点で、20点以下は認知症の疑いありとされる。ただし、長谷川式の点数と生活の困難は必ずしも一致しない。

バルーンカテーテル
ばるーんかてーてる

カテーテルを参照（→P6）。先端に風船（バルーン）がついているものをいう。略して「バルーン」と称する。

パルスオキシメーター
ぱるすおきしめーたー

指先に挟むことで、動脈血の酸素飽和度を簡単に測定できる機械。SpO_2と表記する。通常96～99％だが、肺や心臓に疾患があると値が下がり、90％を切ると酸素を投与するなどの処置が必要になる。介護職でも測定は可能。酸素飽和度は「サーチュレーション」（飽和）ともいう。

ピアカウンセリング
ぴあかうんせりんぐ

障害を持つ当事者どうしの間で行われるカウンセリング。主に自立生活の開始を支援するために、経験のある障害者が自らの生活などをもとに相談に乗る。障害者の生活については当事者が詳しく、心理専門職や精神科医によるカウンセリングとは異なる効果がある。

鼻腔栄養
びくうえいよう

鼻の穴から胃までチューブを通し、栄養を直接入れる方法。「経鼻経管栄養」

ともいう。経管栄養を行う場合、介護現場では胃ろうが多いが、一時的に口から食べられない場合などは鼻から入れる。胃までチューブが入っていることを確認したうえで流動食を注入する。

ピック病
ぴっくびょう

　若年性認知症の一種で、特に大脳の前頭葉や側頭葉などが委縮して起こる。40～50代で発症することが多い。感情や欲求の抑制ができず本能に従ったふるまいが見られ、特定のものや生活パターンへのこだわりも強い。その特徴を活かした個別の関わりが試みられる。

頻尿
ひんにょう

　日中10回以上、夜間4回以上など頻繁に尿意を感じ、排尿に及ぶこと。排尿障害の1つ。男性では前立腺肥大、女性では膀胱炎などが疑われるが、心因性（神経性）の場合も多い。病気の場合は早めに専門医を受診する。排尿障害には頻尿のほか、意思に関係なく出てしまう尿失禁、出にくくなる尿閉などの症状もある。

ファーラー位（半座位）
ふぁーらーい

　仰向けに寝たまま上体を約45度起こした姿勢のこと。ギャッチベッドで頭側を上げたり、背もたれ・布団などを当てて姿勢を保つ。寝たきりの人の食事介助などで使われるが、誤嚥（ごえん）を減らすためには座位が望ましい。15～30度の場合はセミファーラー位という。

フェイスシート
ふぇいすしーと

　利用者の氏名、年齢、性別、住所、家族構成、既往歴、生活史などの基本情報をまとめた用紙。初めて相談を受けたり、面接をしたりした際にヒアリングをした内容になる。さらに詳しく本人や家族の希望や趣味などを聞くとアセスメントシートになるが、混合している場合もある。

服薬管理
ふくやくかんり

　薬の量と種類、食前・食後・食間・頓用など飲む時刻、飲む期間、飲ませ方などを管理すること。服用薬のほか塗布薬や点眼薬、座薬などの管理も含む。医師や薬剤師の指示に基づいて行うほか、ふらつきや活気の低下など薬の副作用についてもよく観察し、医師に伝えていく。

不整脈
ふせいみゃく

　通常は規則正しい脈のリズムが、乱れること。脈の遅くなる徐脈（1分間に60回以下）、速くなる頻脈（100回以上）、急に飛ぶ期外収縮、不規則かつ速くなる心房細動がある。動悸を感じたり、胸に不快感があったり、息苦しさを感じたりする。ペースメーカーを使う場合、携帯電話や電子レンジなどに注意が必要。

不眠症
ふみんしょう

　睡眠のリズムに障害があり、生活に支障が出ること。なかなか眠れない、眠りが浅く途中で何度も起きる、早朝に目覚めるなどがある。起きた後も疲労が回復

しない。服薬のほか、日中を活動的に過ごし、寝る前に温かい牛乳を飲んだり、部分浴をしたりすることが効果的な場合もある。

ヘルニア
へるにあ

体内にある臓器が通常考えられる正しい位置からずれて動いてしまい、痛みが生じる状態のこと。一般的なヘルニアは椎間板ヘルニア、鼠径ヘルニア、臍ヘルニアなどで、このほかに脳ヘルニア、横隔膜ヘルニアなどもある。部位によって異なるが、主にレーザー治療や手術などで治療する。

ベンチレーター
べんちれーたー

換気装置を意味するが、転じて一般的には人工呼吸器のことをいう。肺に空気を送り込む装置で、呼吸障害のある人が使う。以前は自発呼吸のない人のための生命維持装置ととらえられていたが、現在は使用者に応じたさまざまなタイプがある。

訪問介護
ほうもんかいご

介護保険の在宅サービスの一つ。食事、排泄、入浴清拭、更衣、通院、服薬の介助などの身体介護、調理、掃除、洗濯、買物、相談助言などの生活援助の2つがある。日常生活を送るうえで必要なことに限られ、大掃除や嗜好品の買物、長時間や家族がいる場合は認められないなどの条件がある。

ポータブルトイレ
ぽーたぶるといれ

持ち運びできる簡易トイレ。背もたれや肘当てのあるものが一般的で、座面を倒しておけばいすとしても使える。家具調のデザインで、トイレットペーパーのホルダー、物入れ、運ぶための車輪などがついているものもある。夜間ベッド脇に置くことで排泄自立の維持に役立てる。

歩行器
ほこうき

腕や手で移動させながら身体の支えとなって歩行を補助する用具。4つの足すべてがゴム足のタイプは、右側と左側のシャフトを交互に出して歩くものと、固定したシャフトを歩行に合わせて持ち上げて進むものがある。車輪のあるものは、前の足2つについているものと、4つすべてについているものがある。歩行の自立度に応じて適したものを選ぶ。

補装具
ほそうぐ

身体の一部の欠損や機能障害を補うために装着するもの。義肢（義手、義足）、装具（下肢装具、靴型装具、体幹装具など）、車いすなどのほか、杖や補聴器も該当する。身体障害者手帳を持つ者には給付される。個別の義肢や装具をつくり、身体に合わせて調整する専門職を義肢装具士という。

発疹
ほっしん

皮膚に現れる疾患。小さいブツブツや、

円や線状に盛り上がるもの、くぼんだり剥(む)けたりしているものもある。皮膚の中に水が溜まった状態を「水疱」、赤くただれている状態を「糜爛(びらん)」という。帯状に出て強い痛みを伴うものは「帯状疱疹(ほうしん)」で、早めに皮膚科を受診する。疥癬(かいせん)も感染するため、早期発見が重要。

発赤
ほっせき

皮膚や粘膜の表面が炎症によって赤くなること。やや熱を帯びる場合もある。褥瘡(じょくそう)につながる兆しでもあるため、仙骨や坐骨周辺の状態に注意する。炎症の兆候としては、発赤のほか、腫脹(しゅちょう-腫れ)、発熱、疼痛(とうつう-痛み)がある。

ま

マヒ
まひ

中枢神経や末梢神経の損傷により、手足などが動かなくなったり、感覚がなくなったりすること。脳血管障害の後遺症では、片マヒが起こる。脊髄(せきずい)損傷では、損傷した箇所によってマヒの範囲が変わる。感覚が鈍って力が入らないことを不全マヒ、無感覚でまったく動かないことを完全マヒという。

妄想
もうそう

事実とは異なることを正しいと強く信じ込むこと。認知症の精神症状として、物盗られ妄想や、嫉妬妄想、被害妄想などがある。一番身近な人に対して向けられやすく、説得しても聞き入れるのは困難なので、話を合わせたり、逆に嫉妬し返したり、頼みごとをするなどして、人間関係のバランスをとり、相手の負い目や不安感などの気持ちへ働きかける。

モニタリング
もにたりんぐ

利用者の状態を把握し、プランに基づいて実施したケアを定期的に評価すること。必ず記録に残し、前後のモニタリングと比べることで、課題を見つけたり、当初の目標の達成度を確認する。結果次第で、再度アセスメントし、プランの見直しにつなげる。

モルヒネ
もるひね

末期ガンなどの強い痛みを緩和する薬。麻薬でもあるが、適切な投与管理で依存は起こらない。痛みをコントロールすることで、休息や睡眠をとることができ、体力や気力の回復とQOLの向上につなげられる。便秘や吐き気、眠気などの副作用がある。投与後の状態の観察が重要。

や

ユニットケア
ゆにっとけあ

10人以下のグループを一つの生活単位(ユニット)として提供されるケア。ユニットの居室はすべて個室で、共有のリビング、浴室などを備える。小規模で家庭的な環境と、個別に行き届いたケアが特徴だが、人間関係が濃厚過ぎてストレスになったり、重度化により生活空間

の特長を活かせないなどの課題もある。

ら

リウマチ
りうまち

関節痛や関節の変形を生じさせる自己免疫性疾患の一つ。30〜50歳代の女性に多く発症し、症状が進むと関節の可動域が制限されたり、動かせなくなるなどの変化が起きてくる。日常生活に影響を受けるケースも多く、要介護認定によって家事援助や機能回復のためのリハビリを受けることができる。

理学療法
りがくりょうほう

障害やマヒのある人に対して、身体機能や運動能力の回復を図るリハビリテーションのこと。関節や筋肉に力を加えて動かしたり、歩行や階段昇降などの運動を行う。電気や温熱による方法もある。病院ではベッド上や廊下、訓練室などで実施する。在宅では環境整備や道具の利用評価も含まれる。専門職として理学療法士が、医師や介護職と連携して行う。

リスクマネジメント
りすくまねじめんと

転倒や転落、誤嚥（ごえん）、異食、行方不明など、事故の危険性を評価し、組織的に予防に努めること。事故のほか容態の急変、災害、コンプライアンス上の不備、個人情報の漏えい、家族からの訴訟なども挙げられる。利用者の不利益にならないよう、対策委員会を設けてマニュアルを整えたり、模擬訓練を行ったりして備える。

立位
りつい

立った姿勢。寝た姿勢（臥位）や、座った姿勢（座位）よりも、筋力や体力を使い、バランスも必要なため、不安定になりやすい。利用者ごとに評価しながら、手すりや家具を支えにしたり、杖などの用具を利用したり、腕をとって一部介助するなどして補う。腰や背中、首を伸ばして安定した姿勢がとれるよう注意する。

リハビリテーション
りはびりてーしょん

狭義では機能回復訓練、広義では「全人的復権」を表すとされる。リハビリテーションの中でもアプローチの方法や目的によって、医学的、心理的、社会的、職業的、教育的などの分野に分かれる。介護の関わる排泄や入浴、歩行、調理など、生活場面で行うものを、生活リハビリテーションという。

リハビリパンツ
りはびりぱんつ

大人用紙パンツ。略してリハパンと呼ぶ。テープ止めタイプのおむつよりも立ったまま着脱しやすい。両脇を破くことで容易に脱ぐことも可能。パッドなどと併せて使い、失禁に備える。小さ過ぎたり汗をかくと不快度は増すので、身体に合ったサイズの物を選ぶとともに、厚手の布パンツの利用なども考える。

リフトバス
りふとばす

車いす乗降用のリフトがついたバス。バスのサイズは小型から大型までさまざ

まで、リフトの設置場所も車体側面の中央や後方、背面などに分かれる。乗車後車いすのままいられるのは1、2台で、その他は通常の座席に移乗する。リフトの代わりに車体全体が下がり、スロープを利用するノンステップバスもある。

良眠
りょうみん

よく眠れていること。夜間、排泄のため頻繁に起き出したり、不眠の訴えが続くといったことがない状態。夜勤者が記録に「夜間良眠」などと書く。よく寝ているようでも呼吸の状態や顔色などには注意し、見回った際には具体的に記録に残す。

緑内障
りょくないしょう

眼圧が上がって視神経に障害が起こり、見える範囲が狭くなっていく眼の病気。視神経は再生しないため、治療が遅れると失明の恐れがある。両眼ともに進行することがまれでゆっくりなため、自覚症状がほとんどない。治療には眼圧を下げる薬物治療や手術、レーザー治療などが行われる。なお、白内障は、加齢の影響で眼の水晶体が白く濁る病気で、徐々に進行して視力が衰える。水晶体を取り除き眼内レンズを挿入する手術により改善する。

レクリエーション
れくりえーしょん

少人数から集団で行うゲームや娯楽、行事のこと。デイサービスでは活動のメインになっていることも多い。主に身体を動かすものと、頭を使って考えるものがある。楽しみながらおのずと心身機能の回復や活性化が図れるものが望まれる。ふだんと違う一面がうかがえたり、利用者の交流を促すきっかけにもなる。

レビー小体型認知症
れびーしょうたいがたにんちしょう

記憶障害のほか、幻視や妄想を大きな特徴とする認知症。実際にはないものがありありと出現して見える。また、小刻み歩行や無表情、筋肉のこわばりなどパーキンソン症状も見られる。対応としては、幻覚を否定せず、転倒などに注意し、服薬調整の効果や影響をよく観察し、報告することなどが挙げられる。

連絡ノート
れんらくのーと

施設や在宅で関わるスタッフや家族の連絡、情報共有に使われるノート。施設では、1フロアや1ユニットに1冊置き、利用者の変化や注意事項、業務改善提案など、幅広く書き込めるものが多い。在宅では一家に1冊用意し、複数の事業者が書き込み、情報の共有に使う。

弄便
ろうべん

便をいじり、もてあそぶこと。失禁した自らの便の不快感から、おむつに手を入れて便をつかみ、今度は手指についたものを壁や床、服などにこすりつけて取ろうとする。本人は排泄物と意識せずに行っているので、抑制したりせず、排泄ケアの充実を図ることが大切である。

西暦と年号の対応表

西暦	年号	西暦	年号	西暦	年号
1907	明治40年	1951	昭和26年	1996	平成8年
1908	明治41年	1952	昭和27年	1997	平成9年
1909	明治42年	1953	昭和28年	1998	平成10年
1910	明治43年	1954	昭和29年	1999	平成11年
1911	明治44年	1955	昭和30年	2000	平成12年
1912	(〜7/29) 明治45年 (7/30〜) 大正元年	1956	昭和31年	2001	平成13年
		1957	昭和32年	2002	平成14年
1913	大正2年	1958	昭和33年	2003	平成15年
1914	大正3年	1959	昭和34年	2004	平成16年
1915	大正4年	1960	昭和35年	2005	平成17年
1916	大正5年	1961	昭和36年	2006	平成18年
1917	大正6年	1962	昭和37年	2007	平成19年
1918	大正7年	1963	昭和38年	2008	平成20年
1919	大正8年	1964	昭和39年	2009	平成21年
1920	大正9年	1965	昭和40年	2010	平成22年
1921	大正10年	1966	昭和41年	2011	平成23年
1922	大正11年	1967	昭和42年	2012	平成24年
1923	大正12年	1968	昭和43年	2013	平成25年
1924	大正13年	1969	昭和44年	2014	平成26年
1925	大正14年	1970	昭和45年	2015	平成27年
1926	(〜12/24) 大正15年 (12/25〜) 昭和元年	1971	昭和46年	2016	平成28年
		1972	昭和47年	2017	平成29年
1927	昭和2年	1973	昭和48年	2018	平成30年
1928	昭和3年	1974	昭和49年	2019	平成31年
1929	昭和4年	1975	昭和50年	2020	平成32年
1930	昭和5年	1976	昭和51年	2021	平成33年
1931	昭和6年	1977	昭和52年	2022	平成34年
1932	昭和7年	1978	昭和53年	2023	平成35年
1933	昭和8年	1979	昭和54年	2024	平成36年
1934	昭和9年	1980	昭和55年	2025	平成37年
1935	昭和10年	1981	昭和56年	2026	平成38年
1936	昭和11年	1982	昭和57年	2027	平成39年
1937	昭和12年	1983	昭和58年	2028	平成40年
1938	昭和13年	1984	昭和59年	2029	平成41年
1939	昭和14年	1985	昭和60年	2030	平成42年
1940	昭和15年	1986	昭和61年	2031	平成43年
1941	昭和16年	1987	昭和62年	2032	平成44年
1942	昭和17年	1988	昭和63年	2033	平成45年
1943	昭和18年	1989	(〜1/7) 昭和64年 (1/8〜) 平成元年	2034	平成46年
1944	昭和19年			2035	平成47年
1945	昭和20年	1990	平成2年	2036	平成48年
1946	昭和21年	1991	平成3年	2037	平成49年
1947	昭和22年	1992	平成4年	2038	平成50年
1948	昭和23年	1993	平成5年	2039	平成51年
1949	昭和24年	1994	平成6年	2040	平成52年
1950	昭和25年	1995	平成7年	2041	平成53年

身体各部位の名称

● 正面

頭頸部
- 頭
- 顔
- 眼
- 耳
- 鼻
- 口
- 頸（くび）

体幹
- 胸部
- 腹部
- 鼠径部（そけいぶ）

体肢

上肢
- 上腕
- 前腕
- 手

下肢
- 大腿（だいたい）
- 膝（ひざ）
- すね
- 下腿（かたい）
- 足
- 足首

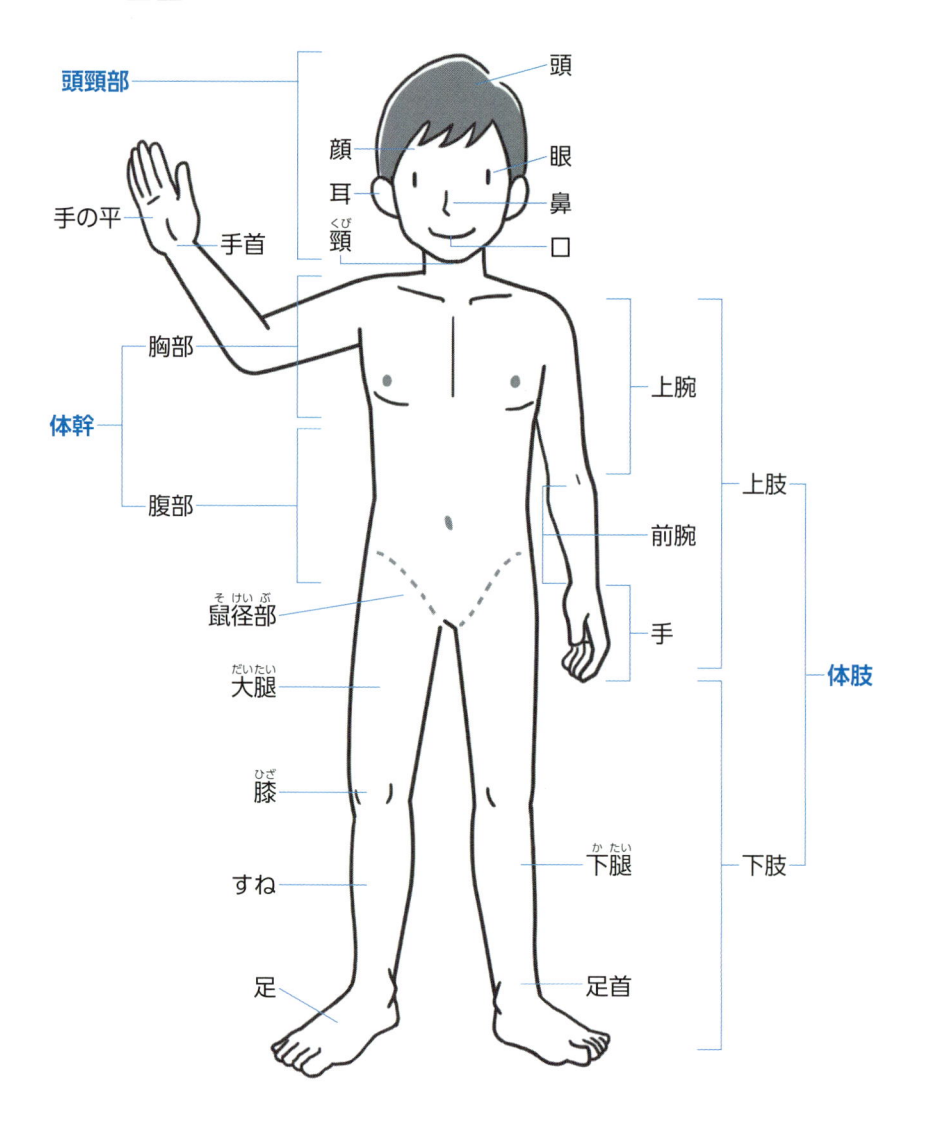

手の平　手首

▼ 身体各部位の名称

● 背面

- 頭頸部
  - 後頭
  - 肩
- 体幹
  - 背部
  - 腰部
  - 臀部
- 上肢
  - 肘
  - 手の甲
- 体肢
- 下肢
  - ふくらはぎ
  - 踵
  - 足の裏

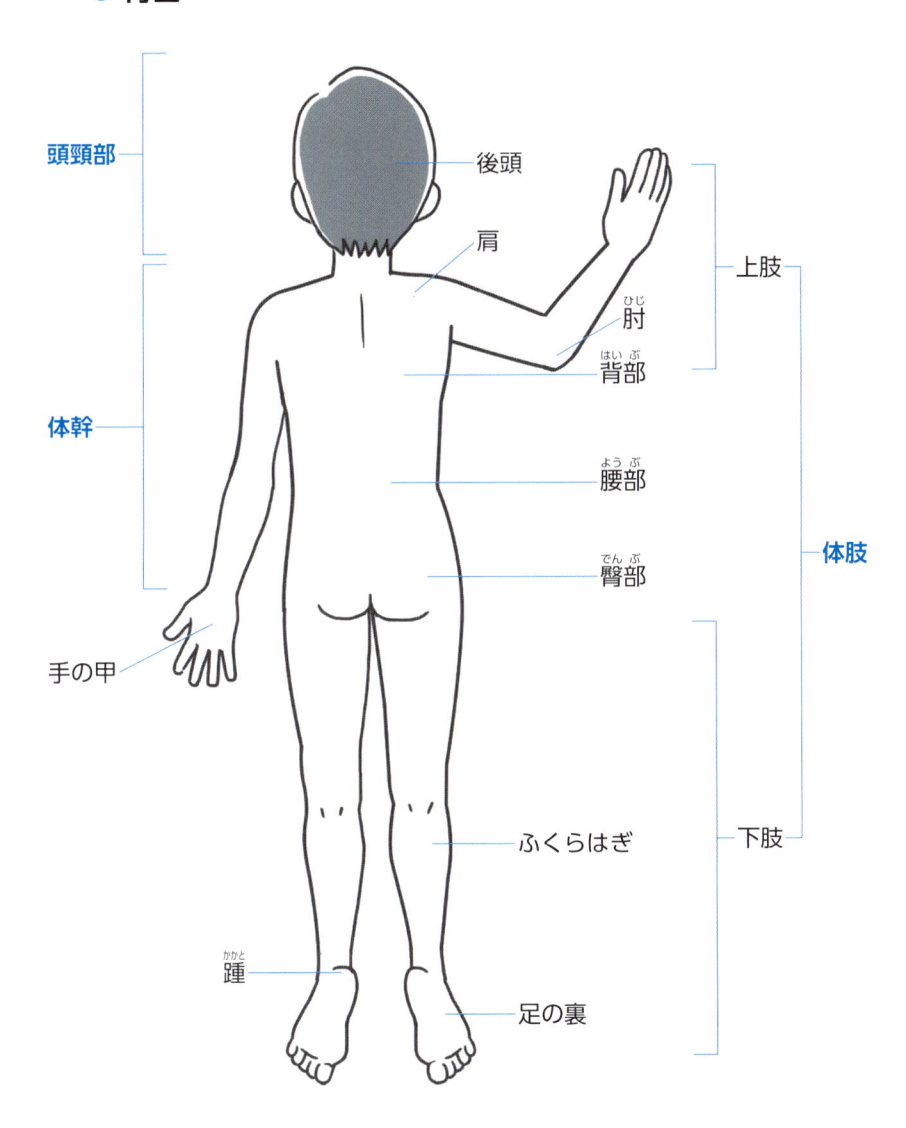

肢位の名称

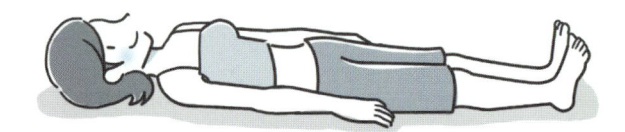

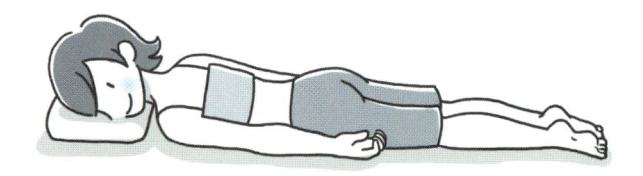

● 仰臥位（背臥位）
ぎょうがい　はいがい

● 腹臥位
ふくがい

● 右側臥位
みぎそくがい
※左が下の場合は
　左側臥位

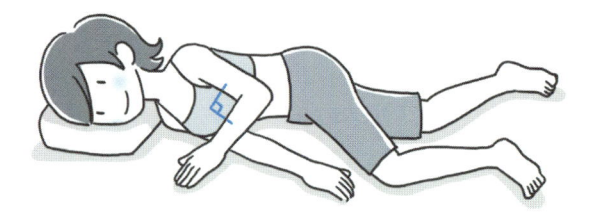

● 右半臥位
みぎはんがい
※左が下の場合は
　左半臥位

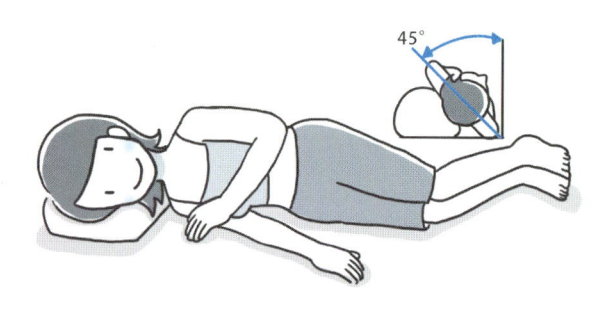

45°

▼ 肢位の名称

- 半座位(はんざい)
（ファーラー位）

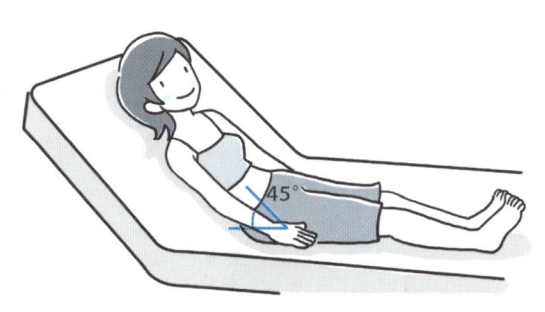

　45°

- 端座位(たんざい)

- 長座位(ちょうざい)

- あぐら

- 正座(せいざ)

- 割座(わりざ)

状態・様子の表現

● 記録に使える状態・様子の表現

状態・様子	具体的な表現例	
皮膚の色	赤い	白っぽい
	薄赤色、ピンク色	黒ずんでいる
	青白い	茶褐色
	黄色っぽい	褐色
皮膚の状態	腫れている（腫脹）	ガサガサしている
	むくんでいる（浮腫）	ブツブツができている
	ただれている	引っかいたあとがある
	かさかさしている（乾燥肌）	ポロポロ落ちる
顔色	青白い	赤みを帯びている
	血の気が引いている	真っ赤
	土気色	茶褐色
	黒い	黄色い
	どす黒い	
便の形状と色	水のような便（水様便）	血が混じっている便（赤褐色の便）
	泥のような便（泥状便）	
	軟便（軟らかい）	血が付着している便
	普通便	タール便（黒色の便）
	硬便（硬い）	白っぽい便
	コロコロ便（兎糞便）	
便の量・大きさ	多量	バナナ2本分
	中量	バナナ1本分
	少量	バナナ1/2本分
	極少量	付着

状態・様子の表現

状態・様子	具体的な表現例	
痰の色	透明	緑色
	白色	赤色
	黄白色、クリーム色	血液が混じっている
	黄色	黒色
	褐色、茶褐色	
傷の種類	すり傷（擦過傷）	刺し傷（刺創）
	切り傷（切創）	やけど（熱傷）
	裂けている傷（裂創）	床ずれ（褥瘡）
呼吸	ヒューヒュー（笛声音）	プスッ、プスッ
	ゼイゼイ（喘鳴）	時々止まっている（無呼吸）
	ハァハァ	息が荒い（過呼吸）
	ハァー、ハァー	胸が上下している
	グーグー（いびき音）	下あごだけで息をしている
	ウゥ…ウゥ…（唸り音）	
痛み	押すと痛い（圧痛）	じんじんとした痛み
	鈍い痛み（鈍痛）	身をよじるような痛み
	激しい痛み（激痛）	患部と離れた痛み（放散痛）
	ちくちくとした痛み	
気分	大笑いしている	そわそわしている
	笑っている	イライラしている
	喜んでいる	怒っている
	微笑んでいる	激怒している
	穏やか	落ち込んでいる
	不穏	泣いている
	落ち着かない	悲しんでいる
活気	元気がある	活気がない
	生き生きと○○している	じっとしている
	ハツラツと○○している	身じろぎをしない

◀ 矢印の方向に引くと取り外せます。